2025
직장인
# 연말정산
공략집

2025

# 직장인 연말정산 공략집

오영일 지음

• 연봉 6,000만 원 소득세 0원 내는 사람들 •

**소득이 있는 곳에 세금 있다? 세금 있는 곳에 환급 있다!!**

연말정산 후 13월의 월급으로 목돈 돌려받는 사람들의 노하우
1년간 수고한 근로자를 위한 세금보너스의 비밀

**사례를 통한 세금 관리 방법**

**한 권으로 보는 연말정산 실전 공략집**

**소득세 환급 컨설팅 2억 원 노하우**

바른북스

# 들어가며

"이 대표님은 연봉 10억이나 되면 세금 정말 많이 내시겠어요? 번 돈의 50% 정도는 세금으로 나가겠죠?" 돌아온 답변은 "아뇨~ 그렇게 많이 내지 않아요. 저 이번 종합소득세 신고하고 납부한 세금 6,000만 원이에요." 놀라움을 금치 못했다. 어떻게 연봉이 10억 원이나 되는데 세금을 6,000만 원밖에 내지 않았을까? 세금은 정해진 대로 부과되고 납부하는 것인데, 그리고 우리는 보통 연봉 10억 원이면 절반의 세금을 납부하는 것으로 알고 있다. '적어도 4억 원 이상은 납부하겠지.'라는 생각을 하는 게 일반적이다. 그런데 6,000만 원밖에 안 냈다니.

물론 일반 개인이 6,000만 원의 세금을 내는 것도 엄청 많은 세금을 낸 것이다. 일반 직장인 연봉 수준이니 말이다. 그러나 10억 원을 벌었는데 6,000만 원이라니? 이는 나뿐만 아니라 이 글을 보고 있는 누구라도 의아해할 것이다. '탈세가 있는 것 아냐?' '과소 신고하여 나중에 추징당하는 거 아냐?' '어떻게 연봉이 10억인데 세금이 고작(?) 6,000만 원이지?'라는 생각을 하는 게 당연할 것이다.

이와 함께 너무 궁금할 것이다. '그 말이 사실이라면 도대체 어떻게 한 거지? 우리가 모르는 무언가 좋은 방법이 있는 것인가?'라는 생각을 하게 된다. 물론 필자 또한 그랬다. 너무 궁금했다. 벤자민 플랭클린의 명언이 있지 않은가? 인간이 살면서 절대 피할 수 없는 2가지가 있다. 첫째는 죽음이고 둘째는 세금이다. 이 대표님은 세금이 피해 간 것만 같다. 물었다. 어떻게 된 것인지? 이 대표님은 말한다. "곧이곧대로 납부했다면 센터장님 말대로 4억 원 정도의 세금을 냈을 거예요. 그런데 우리나라 세금에는 각종 공제 감면 제도가 있어 잘 활용하면 세금 부담을 상당 부분 줄일 수 있습니다."

이 대표님은 근로소득자가 아닌 개인사업자였다. 개인사업자는 근로소득자와 같은 세율을 적용받는다. 그러나 각종 비용 및 공제 감면 제도를 활용하면 소득공제를 통해 과세표준을 상당 부분 줄일 수 있고, 추가로 세액공제를 통해 세금을 할인(?)받을 수 있다. 예를 들어 청년을 채용하거나 기업부설연구소를 설립하는 등의 방식으로 자신의 사업체에 적합한 공제 감면 제도를 활용하는 것이다. 어떤 방식으로 절세를 하였는지 다 듣고 나니 6,000만 원이란 세금이 이해가 됐다. 이 글을 보고 있는 당신은 이런 기분이 들 수 있다.

'그럼 그렇지. 사업자는 이것저것 비용처리도 되고 여러 가지 공제 감면 제도를 활용하여 세금을 줄일 수 있지만, 우리 같은 근로소득자는 유리지갑이라고. 뭐 어떻게 할 방법이 없다고.'라고 말이다. 정말 그럴까? 그렇다. 당신 말이 맞다. 근로소득자는 안타깝게도 유리지갑이다. 원천징수를 통해 내가 만져보기도 전에 세금으로 먼저 돈이 빠져나간다. 매년 2월 연말정산을 하긴 하지만 돌려받는 것도 얼마 안 되고, 운이 나쁜(?) 경우에는 뱉어내는(추가 세액 납부) 경우도 허다하다. 연말정산에 도움이 되고자 이것저것 알아보다 보면 죄다 장기적으로 저축 및 투자를 하거나, 돈을 많이 썼을 때 세금 부담이 줄어든다. 연말정산에 도움이 되고자 억지로 장기 상품(연금저축계좌 등)을 가입하거나, 과한 지출을 할 수는 없지 않겠는가?

필자는 재무상담사로 19년째 일하면서 늘 고민했다. 근로자들이 소득세 부담을 줄일 수 있는 방법은 무엇이 있을까? 지성이면 감천이라 했던가 19년간 고민하다 보니 다행히 답이 나왔다. 연봉 1억 5,000만 원인 사람이 3,000만 원의 세금을 납부하다가 1,000만 원으로 줄어든 사례가 굉장히 많다. 세상에는 알고 나면 너무나 간단한 건데 모르면 끝까지 모르는 것들이 있다. 근로자들의 소득세 절세도 마찬가지이다.

우리는 앞으로 가상의 인물인 나세금 씨와 나환급 씨를 만나게 될 것이다. 이 두 가상의 인물을 소개하자면 나세금 씨는 일만 열심히 하고 세금 구조에 대해서는 공부한 적이 없는 사람이고, 나환급 씨는 치밀하게 연말정산을 공부하고 준비한 사람이다. 이 둘의 차이를 비교함으로써 독자들 스스로 자신에게 도움이 되는 힌트를 발견하기 바란다. 또한 이 글을 정리하는 데 집중할 수 있도록 도와준 ㈜행복재무상담센터의 모든 임직원에게 깊은 감사의 뜻을 전한다.

*나의 노력이 당신의 삶에 가닿기를 희망하며*
*2025년 11월 서초동에서*

## 1 세금을 내는데 세금을 모르는 근로자



## 2 근로자가 처음 만나는 세금, 근로소득세



## 3 세금 돌려받는 사람 vs 추가납부 하는 사람

4

# 직장인의 비용처리 소득공제



5

# 놓치면 후회하는 세액공제

## 6

# 근로자 절세의 꽃 벤처투자 소득공제

## 7

# 연봉 6,000만 원인데 소득세 0원 나온다?



## 8

# 신뢰가 필요 없는 셀프벤처투자

# 2025
# 직장인
# 연말정산
# 공략집

# 1

# 세금을 내는데 세금을 모르는 근로자

# 근로자가 세금에 관심 없는 이유

세금에 대해 관심 갖는 근로자는 얼마나 될까? 아마 10명 중 9명은 그다지 관심 없을 것이다. 건강검진 때 잠깐 건강을 생각하듯 연말정산 할 때만 잠깐 관심을 갖게 되고 이내 세금과는 담을 쌓고 살게 된다. 왜일까? 알아도 그만 몰라도 그만이라는 생각이 있기 때문이다. 세금에 관심 갖는 만큼 가처분소득(소득-세금=가처분소득)이 올라가고 내 주머니에 남는 돈이 많아진다는 것을 인지하면 세금에 무관심할 수 없다. 우리 인간은 어떤 행동을 하기 위해서는 동기가 필요하다. 아침에 눈을 뜨고 세수를 하고 밥 먹고 출근하고 사람을 만나고 운동을 하고 책을 보고 등등 우리가 하는 모든 행동에는 동기가 있다. 돈을 벌어야 한다는 동기는 무거운 눈꺼풀을 올려 아침잠을 깨우고 깔끔한 모습으로 동료들에게 예의를 지키기 위해 비누 거품을 내어 세수를 한다. 건강해지고자 하는 욕구는 지친 몸을 이끌고서라도 운동을 하게 하고 살을 빼고자

하는 동기는 맛없는 저염식 식단을 인내하게 한다. 지독하게 가기 싫은 술자리에도 사회적 관계를 지키기 위한 동기가 있어 참석하게 되는 것이다. 우리의 모든 행동에는 보이든 보이지 않든 동기가 숨어 있는 것이다.

# 세금을 이해하면 절세하고 싶어진다

세금을 줄이기 위한 행동 또한 동기가 필요하다. 내가 세금을 줄여야 하는 이유를 명확히 알면 동기가 되어 행동으로 옮기게 되고 그에 따른 결과물을 얻게 된다. 그럼 다시 말해 절세를 위해서는 행동이 필요하고 행동을 하기 위해서는 동기가 필요하다. 동기가 생기려면 무엇이 필요할까? 그렇다. 지식이 필요한 것이다. 세상은 아는 만큼 보인다 하지 않는가. 스포츠 경기를 볼 때도 각 선수의 특성과 장단점을 알고 있으면 더욱 흥미진진한 관람을 할 수 있다. 똑같은 스포츠 경기라도 아는 정도의 차이가 흥미의 정도를 결정짓는 것이다. 세금에 대한 정보와 지식이 있음에도 불구하고 그 정보와 지식을 일부러 활용하지 않고 많은 세금을 부담하는 사람은 없을 것이다. 즉, 절세할 수 있는데 일부러 안 하는 사람은 없다는 것이다. 절세에 필요한 정보와 지식이 부족하다 보니 동기가 생기지 않고 동기가 생기지 않으니 행동하지 않게 되는 것이다.

# 세금은 학교에서 배우지 못했다

한창 재테크가 유행하면서 우리를 위로해 주던 말이 있다. "재테크를 모르는 것은 우리의 잘못이 아니다. 학교에서는 재테크에 대해 가르쳐 주지 않기 때문이다."라는 말이다. 이 말은 재테크를 잘하고 싶지만 아직은 그 능력이 부족한 우리에게 많은 위로를 주었다. 그러나 위로는 위로일 뿐 그 이상의 가치를 주지 않는다. 말이 좋아 위로이지 합리화이기도 한 것이다. 학교에서 배우지 못한 것은 누구나 동일한데 누군가는 재테크를 잘해서 많은 자산을 형성하기도 한다. 결국 개인의 문제로 귀결되는 것이다. 이는 재테크뿐만 아니라 이 세상에 모든 면에서 같은 이치를 보인다. 물론 세금 또한 마찬가지이다.

앞서 우리를 위로해 주었던 말은 세금에 대해 잘 모르는 우리를 위로해 주는 말로도 작용한다. "세금에 대해 모르는 것은 우리의 잘못이 아니다. 학교에서는 세금에 대해 가르쳐 주지 않기 때문이다." 어떤가? 맞는 말이지 않은가? 위로가 되는 감사한 문구이다. 그러나 위로는 위로일 뿐 그 이상의 가치는 없다. 그 이상의 가치는 우리 스스로의 노력이 만들어 주는 것이다. 재테크에서 노력한 자들이 긍정적인 결과를 만든 것처럼 말이다.

이 지면을 보고 있는 당신에게 박수를 보낸다. 굳이 누가 시간 내서 보라고 시키지 않았는데도 불구하고 정보와 지식을 얻고 긍정적인 결과를 맞이하기 위해 노력하는 중이니 말이다. 그 노력이 헛되지 않을 것이라는 점을 약속하며 다음 장으로 넘어가 이 책의 중심인물인 나세금 씨와 함께 근로소득세의 구조부터 알아가 보자.

# 2025
# 직장인
# 연말정산
# 공략집

# 2

# 근로자가 처음 만나는 세금, 근로소득세

# 근로소득세에 충격받은 나세금 씨

나세금 씨는 오랜 기간 취준생 시절을 보내고 드디어 꿈에 그리던 회사에 입사하게 되었다. 서울에 있는 좋은 대학을 나오고 다양한 스펙을 쌓은 덕에 초봉임에도 연봉 6,000만 원에 근로계약서를 작성하게 되었다. 초봉 6,000만 원이라니 이게 꿈인가 생시인가 싶다. 긴 시간 고생한 나에게 수고했다고 기특하다고 얘기해 주고 싶어진다. 월급 받으면 그동안 감사했던 분들께 선물할 리스트도 작성하고 사회생활에 필요하다고 생각되는 아이템들을 마련할 생각에 들뜬 마음으로 하루하루를 보냈다.

그렇게 첫 출근 후 1개월이 지나 이제 역사적인 첫 급여일이 되었다. 연봉 6,000만 원이면 월 500만 원이다. 졸업 후 생각보다 길어진 취준생 시절에는 부모님께 죄송한 마음으로 월 100만 원 정도의 생활비를 지원받아 생활했었는데 이제 제법 많은 돈을 만지게 되었다. 나세금 씨는 첫 월급 받은 돈으로 부모님 모시고 멋진 레스토랑에 갈 생각과 함께 설레는 마음으로 급여계좌를 확인해 봤다.

우리는 이미 알고 있는 일이 벌어졌다. 나세금 씨는 너무도 당혹스러운 마음에 "아니 이게 무슨 일이야?"라는 혼잣말과 함께 근로계약서를 다시 확인해 본다. 아무리 봐도 연봉 6,000만 원으로 계약했다. '그럼 월 500만 원인데 왜 이것밖에 안 들어온 거지? 어떻게 된 거지?'라는 의문을 품으며 급여명세서를 확인해 봤다. 그렇다. 우리가 예측한 대로 4대 보험과 소득세가 빠지고 실수령액은 4,210,690원이 들어온 것이다. 월급 500만 원의 실수령액은 약 420만 원 정도 되는 것이다. 나세금 씨는 그동안 근로소득세는 내본 적이 없어서 세금이 이렇게나 많은지 몰랐던 것이다. 또한 본인이 만져보지도 못하고 이렇게 먼저 세금이 빠져나가는 원천징수의 개념을 몰랐던 것이다. 나세금 씨는 말 그대로 입사를 위한 준비만 했지, 경제활동을 준비한 것은 아니었던 것이다. 그러니 원천징수와 소득세의 개념에 대해 충분히 모를 수 있고 당황할 수 있는 일이다.

# 만져보지도 못하고 빠져나가는 원천징수

자 이제 놀란 가슴을 붙잡고 차근차근 정리해 보자. 나세금 씨는 월급 500만 원 중(500만 원 중 비과세액 20만 원) 원천징수 된 금액을 제외하고 약 420만 원의 실수령액을 받게 되었다. 원천징수 항목에는 4대 보험과 소득세가 있다. 4대 보험에는 소득의 4.5%(총 9% 중 4.5% 회사 부담)인 216,000원이 국민연금으로, 소득의 3.545%(총 7.09% 중 3.545% 회사부담)인 170,160원이 건강보험으로(건강보험 본인부담금의 12.95% 장기요양보험), 소득의 0.9%인 43,200원이 고용보험으로 원천징수 되고, 산재보험은 회사만 부담하기 때문에 나세금 씨가 납부하는 금액은 없다. 이쯤에서 한번 정리해 보자면 나세금 씨의 4대 보험료는 총 451,930원으로 월 소득 500만 원의 9.027%에 달한다. 여기에 추가로 소득세가 원천징수 되어 지방소득세를 포함한 근로소득세 338,160원이 빠져나간다. 하나하나 계산해 보니 딱 떨어지는 올바른 계산이고 원천징수 될 돈이 원천징수 된 것이 맞다. 나세금 씨는 다소 아쉽다는 마음이 들지만 그래도 4대 보험과 소득세는 당연히 내야 하는 것이니 금세 받아들인다.

| | |
|---|---|
| **국민연금** (4.5%) | **216,000** 원 |
| **건강보험** (3.545%) | **170,160** 원 |
| ㄴ 요양보험 (12.95%) | **22,030** 원 |
| **고용보험** (0.9%) | **43,200** 원 |
| **근로소득세** (간이세액) | **307,420** 원 |
| ㄴ 지방소득세(10%) | **30,740** 원 |
| **년 예상 실수령액** | **50,525,400** 원 |
| ㄴ **월 환산금액** | **4,210,450** 원 |

산재보험은 전액 회사 부담이고, 국민연금의 근로자 최대 부담액은 286,650원입니다.

# 같은 월급 다른 실수령액

그러나 여기서 의문이 생긴다. 4대 보험은 정해진 비율대로 원천 징수 되니 눈에 딱 보이고 받아들이기 쉽다. 그런데 소득세는 '어떤 기준으로 정해지는 것일까?'라는 의문이 든다. 심지어 나세금 씨와 동기인 나환급 씨는 연봉이 똑같이 6,000만 원이고 세전 월급 500만 원인데 소득세는 233,250원으로 나세금 씨보다 104,910원이나 적게 나가는 것이다.

1년이면 나세금 씨와 나환급 씨는 세금으로 1,258,920원이나 차이가 나는 것이다. 나세금 씨는 심히 당황스럽다. '아니 이게 뭐지? 왜 내가 더 세금을 많이 내는 거지?'라는 궁금증이 들 수밖에 없다. 기성세대는 이미 이런 일을 겪은지라 앞선 세금의 차이만 봐도 "아~ 이런 이런 이유가 있겠구나!!"라고 어림짐작할 수 있을 것이다. 그렇다. 공제대상가족의 수에서 차이가 나는 것이다.

| | |
|---|---|
| 국민연금 (4.5%) | **216,000** 원 |
| 건강보험 (3.545%) | **170,160** 원 |
| ㄴ 요양보험 (12.95%) | **22,030** 원 |
| 고용보험 (0.9%) | **43,200** 원 |
| 근로소득세 (간이세액) | **212,050** 원 |
| ㄴ 지방소득세(10%) | **21,200** 원 |
| **년 예상 실수령액** | **51,784,320** 원 |
| ㄴ **월 환산금액** | **4,315,360** 원 |

산재보험은 전액 회사 부담이고, 국민연금의 근로자 최대 부담액은 286,650원입니다.

이쯤에서 근로소득세 납부시스템에 대해 가볍게 이해하고 넘어가 보자. 기성세대는 경험이 있어 너무 잘 알고 있지만 첫 월급을 받은 나세금 씨를 위해 정말 쉽게 풀어나가 보자.

소득세는 올 한 해 동안 번 돈에 대해 발생하는 세금을 그다음 해 5월에 납부하는 게 원칙이다(잠깐!! 소득세는 올해 번 돈에 대해 내년 5월에 납부하는 게 원칙인데 근로소득자들의 연말정산은 왜 2월일까? 5월에 전 국민이 소득세 신고 및 납부를 하면 과세당국의 업무에 과부하가 걸릴 수 있기 때문에 사업소득자에 비해 상대적으로 소득세 신고 납부가 간편한 근로소득자는 2월에 먼저 진행하는 것이다. 즉, 한 번에 몰리면 붐비니 그렇게 하지 말고 좀 나눠서 하자는 것이다). 24년도에 발생한 소득에 대해서는 25년에 세금을 납부하는 것이다. 여기서 나세금 씨는 "어? 근데 저는 내년에 낼 세금을 왜 지금 내는 거예요?"라고 질문할 수 있다.

근로자는 급여를 받을 때 "당신이 올해 번 돈에 대해 내년에 세금 내게 될 텐데 그때 낼 세금은 이 정도 될 거야~."라고 어림잡아 놓고, 그 어림잡아 놓은 세금을 12등분 하여 급여에서 조금씩 차감하여 12개월간 나누어 미리 납부한다. 즉, 회사가 급여를 지급할 때 내년에 근로자가 납부할 세금을 미리 떼어 납부하고 남는 돈을 급여로 지급하는 것이다. 이렇게 급여에서 일부를 떼어 회사가 대신 납부해 주는 것을 원천징수라고 하고, 원천징수 하는 회사를 원청징수의무자라고 한다. 이렇게 원천징수를 하는 이유는 근로자가 한 번에 납부하다 보면 목돈이 나가야 돼서 부담이 될 수 있고, 부담이 되면 세금 납부에 차질이 생길 수 있으며 이는 곧 나라가 세금을 걷는 데 장애 사항이 될 수 있다는 것을 의미한다. 따라서 납세자의 납부 부담을 줄이기 위해 매달 조금씩 떼어 납부하고 그 결과 나라 입장에서도 세금을 용이하게 걷게 되는 윈-윈 전략이 바로 소득세 원천징수인 것이다.

# 어림잡아 떼 가는 이상한 소득세

자 여기서 질문!! 나세금 씨는 원천징수 하는 이유는 알겠다. '근데 왜 세금을 어림잡아 떼 가는 거지? 모름지기 돈 관계는 확실하고 정확해야 하는 거 아냐?'라는 생각이 든다. 그렇다. 돈 관계는 정확해야 한다. 그래서 매년 2월 연말정산을 통해 돈 관계를 정확하고 확실하게 정리하는 것이다. 나라 입장에서는 원천징수로 소득세를 걷어야 하는데, 해당 근로자가 1년간 얼마의 세금을 납부해야 할지 아직 정해지지 않았다. 왜냐면 소득세는 1년간 벌어들인 총소득에서 각종 공제를 적용하여 결정되기 때문이다. 2024년의 소득세는 2024년이 모두 지나봐야 총소득과 공제받는 총금액을 알 수 있고, 정확히 납부해야 할 세금이 계산된다. 그러니 지금 원천징수 하는 것은 사실상 진짜 소득세가 아닌 것이다.

그럼 어떤 기준으로 원천징수 하느냐? 회사가 임의대로 원천징수 하는 것이냐? 그렇지 않다. 나라에서는 1년이 지나봐야 정확한 세금을 알 수 있지만 그전에 원천징수를 해야 하기 때문에 간이세액표라는 것을 만들어 두었다.

■ 소득세법 시행령 [별표 2] <개정 2023. 2. 28.>

근로소득 간이세액표(제189조제1항 관련)

1. 이 간이세액표의 해당 세액(제6호의 월급여액별 · 공제대상가족수별 금액을 말한다)은 「소득세법」에 따른 근로소득공제, 기본공제, 특별소득공제 및 특별세액공제 중 일부, 연금보험료공제, 근로소득세액공제와 해당 세율을 반영하여 계산한 금액임. 이 경우 "특별소득공제 및 특별세액공제 중 일부"는 다음의 계산식에 따라 계산한 금액을 소득공제하여 반영한 것임.

<table>
<tr><th>총급여액</th><th>공제대상가족의 수가 1명인 경우</th><th>공제대상가족의 수가 2명인 경우</th><th colspan="2">공제대상가족의 수가 3명 이상인 경우</th></tr>
<tr><td>3,000만원 이하</td><td>310만원 + 연간 총급여액의 4%</td><td>360만원 + 연간 총급여액의 4%</td><td>500만원 + 연간 총급여액의 7%</td><td rowspan="4">+ 연간 총급여액 중 4,000만원을 초과하는 금액의 4%</td></tr>
<tr><td>3,000만원 초과 4,500만원 이하</td><td>310만원 + 연간 총급여액의 4% - 연간 총급여액 중 3,000만원을 초과하는 금액의 5%</td><td>360만원 + 연간 총급여액의 4% - 연간 총급여액 중 3,000만원을 초과하는 금액의 5%</td><td>500만원 + 연간 총급여액의 7% - 연간 총급여액 중 3,000만원을 초과하는 금액의 5%</td></tr>
<tr><td>4,500만원 초과 7,000만원 이하</td><td>310만원 + 연간 총급여액의 1.5%</td><td>360만원 + 연간 총급여액의 2%</td><td>500만원 + 연간 총급여액의 5%</td></tr>
<tr><td>7,000만원 초과 1억 2,000만원 이하</td><td>310만원 + 연간 총급여액의 0.5%</td><td>360만원 + 연간 총급여액의 1%</td><td>500만원 + 연간 총급여액의 3%</td></tr>
</table>

2. 공제대상가족의 수를 산정할 때 본인 및 배우자도 각각 1명으로 보아 계산함.
3. 자녀세액공제 적용 방법
   가. 공제대상가족 중 8세 이상 20세 이하 자녀가 있는 경우의 세액은 다음 "나목"의 계산식에 따른 공제대상가족의 수에 해당하는 금액으로 함.
   나. 자녀세액공제 적용 시 공제대상가족의 수 = 실제 공제대상가족의 수 + 8세 이상 20세 이하 자녀의 수
   < 적용사례 >
   1) 공제대상가족의 수가 3명(8세 이상 20세 이하 자녀가 1명)인 경우에는 "4명"의 세액을 적용함.

근로자는 급여를 받을 때 간이세액표에 따라 1~12월까지 소득세를 원천징수 하게 되는 것이다. 나세금 씨와 나환급 씨의 소득세 원천징수가 달랐던 것도 바로 이 간이세액표에 따른 것이다. 나세금 씨는 부양가족이 없기 때문에 공제받을 게 본인밖에 없고, 나

환급 씨는 본인 포함 3명의 부양가족이 있기 때문에 더 많은 공제를 받아 세금을 적게 납부한 것이다. 오호~ 이제 나세금 씨가 원천징수와 간이세액표를 이해했다는 듯 고개를 끄덕인다. 요즘 친구들은 똑똑하다더니 그 말이 맞는 것 같다. 나세금 씨는 원천징수 시스템과 간이세액표만을 얘기해 줬는데 이런 말을 한다. "그럼 매년 2월에 진행하는 연말정산은 근로자가 작년 한 해 동안 급여 받을 때 이미 원천징수로 납부한 세금과 정확하게 정해진 세금을 비교하여 이미 납부한 세금이 많으면 돌려받고, 이미 납부한 세금이 적으면 추가로 납부하는 거겠네요?" 역시 하나를 알려주면 열을 아는 나세금 씨다. 이제 실수령액 받고 놀라는 일은 없을 것이고, 오히려 후배들이 오면 잘 알려줄 것 같은 든든함까지 느껴진다.

2025
직장인
연말정산
공략집

# 3

# 세금 돌려받는 사람 VS 추가 납부 하는 사람

# 기대했던 13월 월급의 배신

원천징수와 세전·세후 급여의 차이에 당황했던 나세금 씨도 어느덧 회사 생활한 지 1년이 지났고 드디어 첫 번째 연말정산을 하게 되었다. 연말정산 서류는 보통 1월에 준비하라고 회사에서 얘기해준다. 이미 근로소득세 원천징수를 공부하여 연말정산에 대해 이해력을 높인 나세금 씨는 두근대는 마음으로 연말정산 서류를 준비하기 시작했다. 작성하라는 서류 작성하고 준비할 서류는 국세청 홈택스에 연말정산 간소화 서비스가 너무 잘되어 있어 대부분 조회가 되고 일괄출력만 하면 되는 간단한 일이었다. 이제 모든 절차는 맞췄고, 2월 급여일이 되면 13월의 월급이 들어오는 것이다.

드디어 기다리고 기다리던 2월 원천징수영수증을 통해 연말정산 결과를 확인했다. 13월의 월급이라 하기엔 조금 귀여운 10만 원을 환급받게 되었다. 납부해야 할 세금보다 간이세액표에 따라 원천징수 한 세금이 10만 원 더 많았던 것이다. 이로써 24년의 세금은 정확하고 확실하게 정리되었다.

근로소득세 한 싸이클을 경험한 나세금 씨는 제법 사회인으로서 한층 더 성장한 것 같은 기분을 느낀다. 10만 원을 돌려받을 생각을 하니 점심에 구내식당이 아닌 맛있는 점심이 당겼다. 나세금 씨는 동기인 나환급 씨와 점심 외식을 하러 나간다. 나세금 씨는 10만 원의 공돈이 생겨(사실 공돈 아님. 안 내도 될 세금을 많이 냈다가 돌려받은 것일 뿐) 기분 좋은 마음으로 나환급 씨에게 웃으며 말한다. "우리 10만 원 돌려받으니 오늘 맛있는 거 먹자고~!!" 이때 나환급 씨는 의아해하며 이야기한다. "10만 원? 무슨 10만 원? 연말정산 얘기하는 거야? 나 이번에 환급받는 거 280만 원인데?" 나세금 씨는 입이 떡 벌어지며 놀라움을 금치 못한다.

# 같은 연봉인데 세금 400만 원 vs 0원

아니 이게 어찌 된 일인가? 첫 급여를 받았을 때 4대 보험 및 소득세 원천징수 되는 것을 몰라 당황하고 놀랐던 것보다 몇 배 이상 놀라운 얘기를 들은 것이다. 나환급 씨는 1년간 원천징수로 납부한 세금이 약 280만 원인데, 그걸 다 돌려받았다고? 그럼 '근로소득세 0원'인데, 그게 가능한가? 물론 대한민국 근로소득자 중 면세자(소득세를 0원 내는 사람) 비율이 21년 기준 35%라는 얘기를 들은 바 있다. 그러나 그건 소득이 상대적으로 적은 사람들의 이야기라고 우리는 알고 있다. 여기 나환급 씨는 사회초년생이긴 하나 연봉이 6,000만 원이나 된다. 그런 그가 면세자라니. 같은 연봉인 나세금 씨는 연말정산 후 결정세액이 400만 원이 나왔는데 말이다.

어떻게 된 일인지 당신이 궁금하듯 나세금 씨도 몹시 궁금한 모양이다. 주문한 점심이 나오기도 전에 나환급 씨를 달달 볶는다.

"나환급아 너는 어떻게 세금을 안 낼 수 있는 거야? 절세 기술이 있는 거야? 설마… 탈세를 한 건 아니지… 우리는 급여에서 원천징수 하니 탈세는 하고 싶어도 못 할 테고… 환급받는다는 건 나라에서 돌려주는 것이니 탈세는 아닐 텐데… 아 궁금해 얘기 좀 해줘~!!" 나세금 씨는 그 어느 때보다 열정적으로 나환급 씨에게 물어댄다. 알아야 할 동기가 생긴 것이다. 이에 나환급 씨는 얘기한다.

"절세상품 가입하고, 소득공제랑 세액공제 잘 받으면 돼. 그게 끝이야." 나세금 씨는 소득공제와 세액공제에 대해 들어본 적은 있는데 이게 어떤 역할을 하는지 잘 몰랐고, 관심도 없었다. 뿐만 아니라 연말정산이 어떤 구조로 진행되는지도 그동안은 관심이 없었다. 그도 그럴 것이 회사에서 알아서 원천징수 후 급여를 입금해주니 그에 맞춰 잘 살면 그만이었다. 그러다 보니 딱히 연말정산이니 소득공제니 세액공제에 관심 가질 동기가 없었던 것이다. 그렇게 관심 갖지 않고 1년을 보내는 동안 입사 동기인 나환급 씨는 뭔가 다른 행동을 한 것이다. 이에 연말정산을 공부할 동기가 생겼고, 우리의 나세금 씨는 1년 전 원천징수와 간이세액표에 대해 공부했던 것처럼 이번에는 연말정산 구조에 대해 공부하기 시작한다. 파이팅 나세금!!

# 근로소득세 결정되는 과정

연말정산은 다음의 표와 같은 형식으로 진행된다. 엄밀히 말하면 연말정산의 형식이 아닌 근로소득세 산출공식으로 이해하는 게 맞을 것이다.

소득세가 결정되는 과정은 다음과 같다.

총소득 − 근로소득공제 = 근로소득금액

근로소득금액 − 소득공제금액 = 과세표준금액

과세표준금액 × 소득세율 = 산출세액

산출세액 − 세액공제 = 결정세액

총소득에서 다음의 표처럼 근로소득공제를 적용한다.

| 총급여액 구간 | 근로소득공제금액 |
|---|---|
| 500만 원 이하 | 총급여액의 70% |
| 500만 원 초과 1,500만 원 이하 | 350만 원+(총급여액 – 500만 원)×40% |
| 1,500만 원 초과 4,500만 원 이하 | 750만 원+(총급여액 – 1,500만 원)×15% |
| 4,500만 원 초과 1억 원 이하 | 1,200만 원+(총급여액 – 4,500만 원)×5% |
| 1억 원 초과 | 1,475만 원+(총급여액 – 1억 원)×2% |

(출처: 국세청 홈페이지)

근로소득공제는 누구나 소득이 있으면 그 기준에 맞춰 기본적으로 공제되는 부분이니 근로자가 따로 신경 쓸 부분은 아니다. 총소득에서 근로소득공제를 적용하면 근로소득금액이 산출된다. 여기에서 각종 소득공제를 적용하면 과세표준금액이 나온다. 소득공제란 분명히 소득이지만 소득으로 보지 않는 금액을 이야기하는 것이다. 예를 들어 총소득이 6,000만 원인데 1년간 4대 보험으로 납부한 금액이 500만 원이면 500만 원이 소득공제 된다. 그럼 6,000만 원-500만 원=5,500만 원을 소득으로 보고 그에 맞춰 세금계산을 한다는 것이다. 그러니 소득공제가 많을수록 납부할 세금은 줄어들게 된다. 이렇게 소득공제를 적용하여 나온 금액을 과세표준금액이라 하고 과세표준금액이 나오면 그 기준에 맞춰 소득세율을 반영하여 산출세액이 나오게 된다. 여기서 중요한 건 소득세는 누진세율을 적용하기 때문에 소득이 높을수록 세율이 올라간다는 것이다. 흔히 이런 말을 들어본 적이 있을 것이다. 억대 연봉자들은 번 돈의 절반 가까이를 세금으로 낸다는 얘기 말이다. 맞다. 다음의 표에서 보듯 과세표준금액이 올라갈수록 세율이 높아지는 것을 확인할 수 있다. 대기업 임원처럼 3억, 5억 원의 고소득자는 40%가 넘은 세금을 납부하고, 과세표준이 10억 원을 초과하면 소득세 45%에 지방세 4.5%가 더해져 49.5%에 달하는 세율이 적용된다.

| 과세표준 | 세율 | 누진공제 |
|---|---|---|
| 14,000,000원 이하 | 6% | - |
| 14,000,000원 초과 50,000,000원 이하 | 15% | 1,260,000원 |
| 50,000,000원 초과 88,000,000원 이하 | 24% | 5,760,000원 |
| 88,000,000원 초과 150,000,000원 이하 | 35% | 15,440,000원 |
| 150,000,000원 초과 300,000,000원 이하 | 38% | 19,940,000원 |
| 300,000,000원 초과 500,000,000원 이하 | 40% | 25,940,000원 |
| 500,000,000원 초과 1,000,000,000원 이하 | 42% | 35,940,000원 |
| 1,000,000,000원 초과 | 45% | 65,940,000원 |

# 연말정산 환급 포인트
# 과세표준

여기서 중요한 건 총소득에 의해 세율이 정해지는 것이 아니라 총소득에서 근로소득공제와 각종 소득공제를 적용하여 만들어진 과세표준금액에 따라 세율이 정해진다는 것이다. 여기서 힌트를 얻을 수 있는 건 절세를 위해서는 각종 소득공제를 챙겨 과세표준금액을 줄이는 것이 중요하다는 사실이다. 앞서 나세금 씨에게 소득세 0원으로 놀라움을 선사한 나환급 씨도 소득공제를 잘 활용하였기 때문에 과세표준금액이 줄어들고 면세자가 될 수 있었던 것이다.

이렇게 과세표준금액에 세율을 곱해 산출세액이 만들어지면 이제 세액공제만 적용하면 된다. 세액공제는 세금 할인이라고 이해하면 된다. 근로자가 납부해야 할 세금이 300만 원이라도 세액공제에 적용되는 항목이 있다면 세금을 깎아주는 것이다. 세액공제 항목으로 대표적인 것이 연금저축계좌이다. 연금저축계좌에 납입하면 연간 최대 600만 원까지 세액공제율 16.5%를 적용받을 수 있다. 600만 원에 16.5%(총급여 5,500만 원 또는 종합소득금액 4,500만 원 초과 시 13.2%)는 99만 원이다. 즉, 산출세액이 300만 원이라면 여기서 99만 원을 세액공제 해서 201만 원이 결정세액이 되는 것이다. 이렇게 소득세가 결정되어 나온 금액이 200만 원이라 가정해보자. 만일 근로자가 원천징수로 이미 납부한 세금이 300만 원이라면 연말정산 후 기납부세액 300만 원-결정세액 200만 원=환급세액 100만 원이 되는 것이다.

나환급 씨는 간이세액표에 따라 매월 원천징수 한 세금이 212,050원으로 연간 기납부세액 2,799,060원이다. 연말정산 후 환급액이 약 280만 원이라 했던 것이 기억나는가? 이 환급액은 무엇을 뜻하는 것일까? 그렇다. 나환급 씨는 근로자의 35%에 해당하는 면세자인 것이다. 소득이 낮지 않은 그가 면세자가 되어 세금 부담을 갖지 않을 수 있었던 배경에는 각종 소득공제와 세액공제 등이 있었던 것이다. 이쯤 되면 이제 나세금 씨도 연말정산의 구조 즉, 소득세 결정과정과 소득공제 및 세액공제에 대해 이해했을 것이다. 이제 중요한 건 무엇을 해야 소득공제와 세액공제를 적용받을 수 있는지 이해하는 것이다. 은행에서 적금을 가입한다고 소득공제나 세액공제를 적용받을 수 있는 건 아니다. 나라에서 정해놓은 항목들을 파악하고 그중 나에게 적합한 것을 찾는 게 절세의 시작이다. 나세금 씨는 나환급 씨에게 물어본다. 어떤 공제들을 적용받았는지. 나세금 씨는 벌써부터 흥분된다. 내년부터는 본인도 많은 금액의 환급을 받을 수 있을 것 같은 희망이 생겼다. 아는 만큼 보인다고 했던 말을 절실히 실감하는 중이다.

2025
직장인
연말정산
공략집

# 4

# 직장인의 비용처리 소득공제

소득공제는 사업자로 비유하자면 비용과 같은 것이다. 사업자들은 벌어들인 돈에서 돈을 벌기 위해 사용한 돈을 비용으로 공제하고 남은 이익에 대해서만 세금을 납부하게 된다. 예를 들어 카페를 하는 나사장은 1년간 2억 원의 매출이 발생했다. 당연히 2억 원에 대해 소득세를 납부하지 않는다. 매출 2억 원에서 비용을 차감하는데 커피 원두 매입 비용, 매장 월세, 사업자대출이자, 인건비, 차량유지비 등을 공제하여 과세표준을 구하고 그에 맞는 세율을 곱하여 소득세를 납부하게 된다. 이때 근로자들이 대부분 부러워하는 것이 통신비 및 자동차유지 등에 관련된 돈이 비용처리 되어 세금을 줄이는 역할을 하게 된다는 것이다. 특히 자동차의 경우 감가상각비와 유지비를 포함하여 연 1,500만 원까지 비용처리가 된다. 근로자 입장에서는 억울하다. 사업자나 근로자나 차로 출퇴근하고 주말에 가정에서 사용하는 건 대동소이한데 소득 구분에 따라 누군 비용처리 되고 누군 아무런 혜택이 없으니 말이다. 이처럼 비용처리로 세금을 줄일 수 없는 근로소득자의 납세 환경을 보고 '직장인 유리지갑'이라는 별칭(?)이 만들어진 것이다. 그러나 너무 억울해할 필요는 없다. 비용처리는 사업소득자만 있는 것이 아니다. 근로소득자도 비용처리와 같은 것들이 있다. 직장인들에게 비용처리란 바로 소득공제 및 세액공제를 말한다. 소득공제는 사업소득자의 비용처럼 근로자의 소득에서 아예 제외시키는 것이다. 총소득이 6,000만 원이더라도 소득공제 2,000만 원을 적용받으면 4,000만 원을 소득으로 보고 그만큼 세금 납부의 부담은 줄어들게 된다. 나환급 씨를 기억해 보라. 그는 근로소득자이지만 세금 납부 금액이 0원인 면세자이다. 그가 면세자가 된 배경은 사업소득자처럼 비용처리 즉, 각종 공제를 잘 활용했기 때문이다.

공제는 크게 6가지로 분류된다. 기본공제, 추가공제, 연금보험료공제, 특별소득공제, 그 밖의 소득공제, 세액공제. 이는 근로소득원천징수영수증을 보면 각 항목별로 잘 정리되어 나와 있다. 근로소득세를 줄이려면 이 항목들에 최대한 많은 숫자가 들어가야 공제가 많이 되고 세금이 줄어든다는 얘기가 된다. 나환급 씨는 소득세를 납부하지 않는 면세자인데, 아마도 각 항목들에 적절한 숫자들이 들어가 있을 것이다. 반대로 나세금 씨는 빈 곳이 상당 부분이고 공제받은 게 그다지 없기 때문에 소득세 납부 부담이 덜어지지 않았을 것이다.

연말정산을 잘하는 것은 마치 요리와 같다. 각각의 재료들이 어떤 맛을 내는지 알아야만 적절한 비율로 조합하여 맛있는 음식을 만들 수 있는 것처럼, 연말정산도 각각의 공제 항목이 어떤 것을 의미하고 어떤 혜택을 받을 수 있는지 알아야 나에게 맞는 공제들을 챙길 수 있을 테니 말이다. 근로자가 받을 수 있는 소득공제 및 세액공제는 어떤 것들이 있는지 원천징수영수증의 두 번째 페이지인 정산명세를 보며 하나씩 확인해 보도록 하자.

| 구분 | | | 항목 | | | 금액 |
|---|---|---|---|---|---|---|
| IV 정산명세 | | | ㉑ 총급여(⑯, 외국인단일세율 적용시 연간 근로소득) | | | |
| | | | ㉒ 근로소득공제 | | | |
| | | | ㉓ 근로소득금액 | | | |
| | 종합소득공제 | 기본공제 | ㉔ 본 인 | | | |
| | | | ㉕ 배 우 자 | | | |
| | | | ㉖ 부 양 가 족( 명) | | | |
| | | 추가공제 | ㉗ 경 로 우 대( 명) | | | |
| | | | ㉘ 장 애 인( 명) | | | |
| | | | ㉙ 부 녀 자 | | | |
| | | | ㉚ 한 부 모 가 족 | | | |
| | | 연금보험료공제 | ㉛ 국민연금보험료 | | 대상금액 | |
| | | | | | 공제금액 | |
| | | | ㉜ 공적연금 보험료 공제 | ㉮ 공무원연금 | 대상금액 | |
| | | | | | 공제금액 | |
| | | | | ㉯ 군인연금 | 대상금액 | |
| | | | | | 공제금액 | |
| | | | | ㉰ 사립학교교직원연금 | 대상금액 | |
| | | | | | 공제금액 | |
| | | | | ㉱ 별정우체국연금 | 대상금액 | |
| | | | | | 공제금액 | |
| | | 특별소득공제 | ㉝ 보험료 | ㉮ 건강보험료(노인장기요양보험료포함) | 대상금액 | |
| | | | | | 공제금액 | |
| | | | | ㉯ 고용보험료 | 대상금액 | |
| | | | | | 공제금액 | |
| | | | ㉞ 주택자금 | ㉮ 주택임차차입금 원리금상환액 | 대출기관 | |
| | | | | | 거주자 | |
| | | | | ㉯ 장기주택저당차입금 이자상환액 - 2011년 이전 차입분 | 15년 미만 | |
| | | | | | 15년~29년 | |
| | | | | | 30년 이상 | |
| | | | | 2012년 이후 차입분 (15년 이상) | 고정금리 이거나, 비거치상환 대출 | |
| | | | | | 그 밖의 대출 | |
| | | | | 2015년 이후 차입분 - 15년 이상 | 고정금리이면서 비거치상환 대출 | |
| | | | | | 고정금리 이거나, 비거치상환 대출 | |
| | | | | | 그 밖의 대출 | |
| | | | | 2015년 이후 차입분 - 10년~15년 | 고정금리 이거나, 비거치상환 대출 | |
| | | | ㉟ 기부금(이월분) | | | |
| | | | ㊱ 계 | | | |
| | | | ㊲ 차 감 소 득 금 액 | | | |
| | 그 밖의 소득공제 | | ㊳ 개인연금저축 | | | |
| | | | ㊴ 소기업·소상공인 공제부금 | | | |
| | | | ㊵ 주택마련저축소득공제 | ㉮ 청약저축 | | |
| | | | | ㉯ 주택청약종합저축 | | |
| | | | | ㉰ 근로자주택마련저축 | | |
| | | | ㊶ 투자조합출자 등 | | | |
| | | | ㊷ 신용카드등 사용액 | | | |
| | | | ㊸ 우리사주조합 출연금 | | | |
| | | | ㊹ 고용유지 중소기업 근로자 | | | |
| | | | ㊺ 장기집합투자증권저축 | | | |
| | | | ㊻ 청년형 장기집합투자증권저축 | | | |
| | | | ㊼ 그 밖의 소득공제 계 | | | |
| | | | ㊽ 소득공제 종합한도 초과액 | | | |

| 구분 | | 항목 | | | 금액 |
|---|---|---|---|---|---|
| | | ㊾ 종합소득 과세표준 | | | |
| | | ㊿ 산출세액 | | | |
| 세액감면 | | 51 「소득세법」 | | | |
| | | 52 「조세특례제한법」(53 제외) | | | |
| | | 53 「조세특례제한법」 제30조 | | | |
| | | 54 조세조약 | | | |
| | | 55 세 액 감 면 계 | | | |
| 세액공제 | | 56 근로소득 | | | |
| | | 57 자녀 | 공제대상자녀 ( 명) | | |
| | | | 출산·입양자 ( 명) | | |
| | 연금계좌 | 58 「과학기술인공제회법」에 따른 퇴직연금 | | 공제대상금액 | |
| | | | | 세액공제액 | |
| | | 59 「근로자퇴직급여 보장법」에 따른 퇴직연금 | | 공제대상금액 | |
| | | | | 세액공제액 | |
| | | 60 연금저축 | | 공제대상금액 | |
| | | | | 세액공제액 | |
| | | 60-1 개인종합자산관리계좌 만기 시 연금계좌 납입액 | | 공제대상금액 | |
| | | | | 세액공제액 | |
| | 특별세액공제 | 61 보험료 | 보장성 | 공제대상금액 | |
| | | | | 세액공제액 | |
| | | | 장애인전용 보장성 | 공제대상금액 | |
| | | | | 세액공제액 | |
| | | 62 의료비 | | 공제대상금액 | |
| | | | | 세액공제액 | |
| | | 63 교육비 | | 공제대상금액 | |
| | | | | 세액공제액 | |
| | | 64 기부금 - ㉮ 정치자금 기부금 | 10만원 이하 | 공제대상금액 | |
| | | | | 세액공제액 | |
| | | | 10만원 초과 | 공제대상금액 | |
| | | | | 세액공제액 | |
| | | ㉯ 고향사랑 기부금 | 10만원 이하 | 공제대상금액 | |
| | | | | 세액공제액 | |
| | | | 10만원 초과 | 공제대상금액 | |
| | | | | 세액공제액 | |
| | | ㉰ 특례기부금 | | 공제대상금액 | |
| | | | | 세액공제액 | |
| | | ㉱ 우리사주조합 기부금 | | 공제대상금액 | |
| | | | | 세액공제액 | |
| | | ㉲ 일반기부금 (종교단체 외) | | 공제대상금액 | |
| | | | | 세액공제액 | |
| | | ㉳ 일반기부금 (종교단체) | | 공제대상금액 | |
| | | | | 세액공제액 | |
| | | 65 계 | | | |
| | | 66 표준세액공제 | | | |
| | | 67 납세조합공제 | | | |
| | | 68 주택차입금 | | | |
| | | 69 외국납부 | | | |
| | | 70 월세액 | | 공제대상금액 | |
| | | | | 세액공제액 | |
| | | 71 세 액 공 제 계 | | | |
| | | 72 결 정 세 액(50-55-71) | | | |
| | | 82 실효세율(%) (72/21)×100 | | | |

# 기본공제

| 기본<br>공제 | ㉔ 본인 | |
|---|---|---|
| | ㉕ 배우자 | |
| | ㉖ 부양가족(0명) | |

본인, 배우자 및 생계를 같이하는 부양가족이 있고 그 사람의 연간소득금액이 100만 원을 넘지 않는다면 1명당 150만 원의 공제가 되는 것이다. 예를 들어 아빠, 엄마, 딸 3명이 가정을 꾸리고 아빠만 근로소득자로 소득 활동을 하고 엄마는 전업주부를 한다고 가정하면 총 3명이 공제대상이 되고 1인당 150만 원의 공제를 받아 총 450만 원의 기본공제를 받게 되는 것이다. 이때 중요한 건 소득과 연령이다. 공제대상자는 연간소득금액이 100만 원을 넘지 않아야 하고, 자녀의 경우 20세 이하여야 한다. 만일 엄마의 연간 소

득금액이 100만 원이 넘는다면 엄마는 공제대상에서 제외되어 아빠와 딸만 공제대상이 되어 300만 원 공제가 되는 것이다. 이때 자녀가 22세라면 나이 요건 불충분으로 공제대상에서 제외된다. 즉, 기본공제는 생계를 같이하는 가족의 소득과 연령에 따라 공제 유무가 결정되는 것이다.

### | 인적공제 대상자와 요건

<table>
<tr><th rowspan="2">구분</th><th rowspan="2">공제 대상자</th><th colspan="2">요건</th></tr>
<tr><th>연령</th><th>연간소득금액 합계</th></tr>
<tr><td>본인공제</td><td>소득자 본인</td><td>제한 없음</td><td>제한 없음</td></tr>
<tr><td>배우자공제</td><td>본인의 배우자</td><td>제한 없음</td><td rowspan="7">100만 원 이하<br>(근로소득만 있을 때는 총급여액 500만 원 이하)</td></tr>
<tr><td rowspan="6">부양가족<br>공제</td><td>직계존속</td><td>60세 이상</td></tr>
<tr><td>직계비속과 입양자</td><td>20세 이하</td></tr>
<tr><td>형제자매</td><td>60세 이상 또는 20세 이하</td></tr>
<tr><td>기초생활급여 수급자</td><td>제한 없음</td></tr>
<tr><td>「아동복지법」에 따른<br>위탁아동</td><td>18세 미만</td></tr>
</table>

# 추가공제

| 추가 공제 | ㉗ 경로우대(0명) | |
|---|---|---|
| | ㉘ 장애인(0명) | |
| | ㉙ 부녀자 | |
| | ㉚ 한부모가족 | |

앞서 기본공제에 해당되는 사람이 아래 표의 일정한 요건을 충족할 경우 기본공제에 추가로 50~200만 원까지 추가로 공제받을 수 있다. 앞서 아빠, 엄마, 딸 3명의 구성원으로 된 가정이 있었는데 이때 엄마가 장애인판정을 받은 사람이고 연간소득 100만 원 이하라면 기본공제 150만 원에 추가로 200만 원의 공제를 받을 수 있다. 부모와 생계를 함께하는 사람은 부모님의 연령에 따라 기본공제만 적용받을 수도, 경로우대자공제까지 받을 수도 있다.

## 추가공제 요건과 소득공제금액

| 구분 | 추가공제 요건 | 소득공제금액 |
|---|---|---|
| 경로우대자공제 | 70세 이상으로 소득금액 연 100만 원 이하 | 1인당 연 100만 원 |
| 장애인공제 | 장애인(연령 제한 없음)으로 소득금액 100만 원 이하 | 1인당 연 200만 원 |
| 부녀자공제 | - 배우자가 없는 여성으로서 부양가족이 있는 주민등록표상 세대주<br>- 배우자가 있는 여성<br>- 소득금액 3,000만 원 이하(총급여 4,000만 원 수준) | 연 50만 원 |
| 한부모공제 | 배우자가 없고, 기본공제 대상자인 직계비속 또는 입양자가 있는 경우 | 1인당 연 100만 원 |

# 연금보험료공제

<table>
<tr><td rowspan="10">연금보험료공제</td><td colspan="2" rowspan="2">㉛ 국민연금보험료</td><td>대상금액</td><td></td></tr>
<tr><td>공제금액</td><td></td></tr>
<tr><td rowspan="8">㉜<br>공적<br>연금<br>보험료<br>공제</td><td rowspan="2">㉮ 공무원연금</td><td>대상금액</td><td></td></tr>
<tr><td>공제금액</td><td></td></tr>
<tr><td rowspan="2">㉯ 군인연금</td><td>대상금액</td><td></td></tr>
<tr><td>공제금액</td><td></td></tr>
<tr><td rowspan="2">㉰ 사립학교교직원연금</td><td>대상금액</td><td></td></tr>
<tr><td>공제금액</td><td></td></tr>
<tr><td rowspan="2">㉱ 별정우체국연금</td><td>대상금액</td><td></td></tr>
<tr><td>공제금액</td><td></td></tr>
</table>

근로소득자는 급여를 받을 때 간이세액표에 따라 소득세뿐만 아니라 사회보험 즉, 4대 보험을 원천징수 하고 받게 된다. 내 돈인데 내야 할 돈이라는 이유로 만져보지도 못하고 빠져나가는 것이다. 이 중 국민연금은 소득의 4.5%를 원천징수 하게 되는데 이 금

액은 전체가 소득공제 된다. 간혹 국민연금 회사 부담분은 소득공제가 안 되는지 궁금해하는 경우가 있는데 근로자에게 소득공제 되는 부분은 본인 부담분인 4.5%만 해당된다. 또한 회사에서 국민연금을 떼고 급여를 지급했는데 회사가 어떠한 사정이나 실수로 국민연금을 납부하지 않은 경우에도 근로자는 공제받을 수 있다. 이뿐 아니라 근로자가 6월에 입사하였고, 같은 해 1~6월 지역가입자로서 국민연금을 납부하였다면 그 금액도 소득공제 된다. 앞서 살펴본 내용은 국민연금뿐 아니라 5대 공적연금인 공무원연금, 군인연금, 사립학교교직원연금, 별정우체국연금 모두 마찬가지이다.

# 특별소득공제

특별소득공제는 보험료, 주택자금, 기부금(이월분)으로 분류된다.

## 보험료

여기서 말하는 보험료는 민간기업에 가입하는 종신보험 실비보험과 같은 사적보험이 아닌 국민건강보험과 고용보험이다. 급여에서 국민연금과 함께 원천징수 되는 건강보험료도 전액 공제가 되며, 고용보험료도 전액 공제가 된다. 물론 이 또한 공적연금과 마찬가지로 회사 부담분이 아닌 본인 부담분만 공제대상이 된다. 건강보험은 급여 외 소득 2,000만 원 초과 시 소득월액 보험료가 부과된다. 이는 직장가입자로서 원천징수 되는 보험료 이외에 추가로 납부해야 하는 보험료이다. 즉, 직장가입자로서 한 번, 지역가입

<table>
<tr><td rowspan="17">특별소득공제</td><td rowspan="4">㉝ 보험료</td><td colspan="3" rowspan="2">㉮ 건강보험료<br>(노인장기요양보험료 포함)</td><td>대상금액</td><td></td></tr>
<tr><td>공제금액</td><td></td></tr>
<tr><td colspan="3" rowspan="2">㉯ 고용보험료</td><td>대상금액</td><td></td></tr>
<tr><td>공제금액</td><td></td></tr>
<tr><td rowspan="13">㉞ 주택자금</td><td colspan="2" rowspan="2">㉮ 주택임차 차입금 원리금 상환액</td><td colspan="2">대출기관</td><td></td></tr>
<tr><td colspan="2">거주자</td><td></td></tr>
<tr><td rowspan="9">㉯ 장기주택저당 차입금 이자 상환액</td><td rowspan="3">2011년 이전 차입분</td><td colspan="2">15년 미만</td><td></td></tr>
<tr><td colspan="2">15~29년</td><td></td></tr>
<tr><td colspan="2">30년 이상</td><td></td></tr>
<tr><td rowspan="2">2012년 이후 차입분 (15년 이상)</td><td colspan="2">고정금리이거나 비거치상환대출</td><td></td></tr>
<tr><td colspan="2">그 밖의 대출</td><td></td></tr>
<tr><td rowspan="4">2015년 이후 차입분</td><td rowspan="3">15년 이상</td><td>고정금리이면서, 비거치상환대출</td><td></td></tr>
<tr><td>고정금리이거나 비거치상환대출</td><td></td></tr>
<tr><td>그 밖의 대출</td><td></td></tr>
<tr><td>10~15년</td><td>고정금리이거나 비거치상환대출</td><td></td></tr>
<tr><td colspan="4">㉟ 기부금(이월분)</td><td></td></tr>
<tr><td colspan="4">㊱ 계</td><td></td></tr>
</table>

자로서 또 한 번 납부하는 것으로 1인이라 하더라도 총 2개의 보험료를 납부하는 것이다. 이때 직장가입자로서 납부한 보수월액보험료(급여 관련 보험료) 이외의 소득월액 보험료(급여 외 소득 보험료)도 공제가 가능하다. 또한 입사 전 지역가입자로서 납부한 건강보험료

는 공제되지 않는다. 예를 들어 7월에 입사한 경우라면, 1~6월 지역가입자로서 납부한 보험료는 공제대상에서 제외되는 것이다. 같은 사회보험인 국민연금은 입사 전 납부한 연금보험료가 공제되는 것과 상반되는 부분이다.

## 주택자금

무주택 세대의 세대주가 국민주택규모의 주택으로 주거전용면적(실평수) 85m²(33평형) 이하의 주택에 거주하기 위해 받은 대출이 있다면 그 대출의 원리금 상환액은 소득공제대상이 된다. 이때 공제 항목은 주거형태에 따라 총 3가지로 분류된다. 자가, 전세, 월세이다. 이 중 소득공제는 자가 마련 또는 전세금 마련 대출 목적인 경우에만 소득공제가 된다. 그럼 월세는 어떻게 되는 것인가? 월세는 소득공제가 아닌 뒤에서 살펴볼 세액공제에 해당하니 월세로 거주하는 사람도 섭섭해할 필요는 없다.

우선 전세에 해당하는 주택임차차입금 원리금 상환액을 보면 전세보증금을 대출받아 원리금을 상환하는 경우 상환하는 금액의 40%를 소득공제 받을 수 있으며 그 한도는 400만 원이다. 만일 2억 원을 대출받아 연 4% 금리로 매월 66.6만 원을 이자로 납부하고 연 800만 원이 이자로 지출된다. 이 중 800만 원의 40%인 320

만 원이 소득공제 되는 것이다. 여기서 주의할 점이 있다. 전세보증금 목적으로 대출을 받고 원리금 상환한다고 하여 모두 소득공제가 되는 것은 아니다. 예를 들어 전세보증금을 마련할 목적으로 임차인이 신용대출금을 본인 계좌로 수령하고 집주인에게 이체한 경우는 소득공제를 적용받을 수 없다. 전세대출금을 대출기관에서 집주인(임대인)에게 직접 입금한 경우에만 소득공제가 가능하니 참고하기 바란다.

또한 주택임차차입금 원리금 상환액 소득공제는 뒷장에서 살펴볼 그 밖의 소득공제 항목의 주택마련저축과 합하여 총 400만 원 한도로 소득공제가 가능하다. 주택마련저축은 총 96만 원까지 소득공제가 가능한데 만일 96만 원까지 소득공제를 받고 있는 사람이라면 주택임차차입금 원리금 상환액으로 받을 수 있는 소득공제 한도는 400만 원이 아니라 400만 원-96만 원=304만 원이 되는 것이다.

다음으로는 장기주택저당차입금 이자상환액 소득공제를 살펴보자. 이는 자가 마련을 위해 대출을 받았고 그 대출이자를 상환하는 사람에게 공제 혜택을 주는 것이다. 대출이자를 납부한다고 모두 공제를 받는 건 아니고 몇 가지 조건이 충족되어야 한다. 무주택자 또는 1주택자만 가능하며, 취득 당시 주택의 기준시가는 5억 원 이하여야 한다. 금액에는 기준시가 5억 원이라는 조건이 있지만 면적에는 조건이 없다. 앞서 살펴본 전세대출에서는 국민주택규모의(33평형) 주택이어야 공제받을 수 있었는데, 자가 마련을 위한 대출은 2014년 1월 1일 이후 차입분부터는 주택 면적 제약이 없다. 또 한 가지 다른 점은 전세대출은 오피스텔의 경우도 공제 적용 대상이 가능하지만 자가로 주거용 오피스텔을 취득하는 경우에는 대출이자 상환액에 대해 소득공제 적용이 불가하다. 소득공제 한도는 대출상환 기간과 형태에 따라 달라지니 아래 표를 참고하기 바란다.

**소득공제 혜택**

- **이자상환액 전액** 소득공제
- 다만, 장기주택저당차입금 이자상환액 공제금액과 주택임차차입금 원리금상환 공제금액 및 주택마련저축 공제금액의 합계액이 **아래 금액을 초과할 수 없음**

| 장기주택저당차입금 조건 | 한도액 |
|---|---|
| 상환기간이 10년 이상(고정금리 or 비거치식 분할상환) | **300만원** |
| 상환기간이 15년 이상 | **500만원** |
| 상환기간이 15년 이상(고정금리 or 비거치식 분할상환) | **1,500만원** |
| 상환기간이 15년 이상(고정금리 and 비거치식 분할상환) | **1,800만원** |

* 위 조건과 한도액은 2015.1.1.이후 차입분부터 적용

**구비 서류**

- ①장기주택저당차입금 이자상환증명서*, ②주민등록표등본, ③등기부등본 등 주택의 가액을 확인할 수 있는 서류 → 연말정산 시 회사에 제출
  * 간소화 서비스에서 조회 가능하나, 조회되지 않은 경우 금융회사 등에서 발급 가능

(출처: 국세청 홈페이지)

## 기부금(이월분)

기부금 뒤에 '(이월분)'이라고 되어 있는 게 보인다. 기부금은 세액공제 챕터에서 자세히 살펴볼 것이다. 다만, 여기서는 기부금(이월분)에 대해 간단히 이해하고 넘어가 보자. 간단히 이해해도 된다.

왜? 곧 없어질 항목이기 때문이다. 기부금은 현재 세액공제 항목이지만, 2013년까지지는 소득공제 항목이었다. 그럼 왜 아직도 기부금(이월분) 항목이 소득공제 항목에 들어가 있는 것일까? 모든 소득공제는 각각 항목별로 소득공제 한도가 정해져 있다. 보통은 한도를 넘긴 소득공제는 혜택 없이 소멸해 버리지만 기부금 중 법정기부금과 지정기부금은 당해 연도의 기부금 한도를 초과할 경우 다음 해로 이월되어 소득공제로 적용된다. 여기서 보이는 기부금(이월분) 항목이 바로 그것이다. 기부금 이월은 10년간 가능하며 2013년 기부금 소득공제가 마지막이었으니 이제 곧 원천징수영수증에서 사라질 항목이다. 이미 2013년 이전에 기부한 사람이 아니라면 신경 쓸 필요는 없는 항목이다.

# 그 밖의 소득공제

|  |  |  | |
|---|---|---|---|
| 그 밖의 소득공제 | ㊳ 개인연금저축 | | |
| | ㊴ 소기업 · 소상공인 공제부금 | | |
| | ㊵ 주택마련 저축소득공제 | ㉮ 청약저축 | |
| | | ㉯ 주택청약종합저축 | |
| | | ㉰ 근로자주택마련저축 | |
| | ㊶ 투자조합출자 등 | | |
| | ㊷ 신용카드 등 사용액 | | |
| | ㊸ 우리사주조합출연금 | | |
| | ㊹ 고용유지 중소기업 근로자 | | |
| | ㊺ 장기집합투자증권저축 | | |
| | ㊻ 청년형 장기집합투자증권저축 | | |
| | ㊼ 그 밖의 소득공제 계 | | |

그 밖의 소득공제는 개인연금저축, 소기업·소상공인공제 공제부금, 주택마련저축 등 총 9가지로 분류되어 있다.

## 개인연금저축

보통 세제혜택이 있는 연금을 얘기할 때는 연금저축계좌의 세액공제 16.5%(총급여 5,500만 원 초과 시 13.2%)를 떠올리기 마련이다. 그러나 우리가 지금 살펴보고 있는 부분은 소득공제 부분이다. 어!? 이상하다. 연금을 통한 절세는 세액공제라고 알고 있는데 왜 소득공제란에 연금저축이 있는 것일까? 연금은 크게 2가지로 분류되기 때문이다. 2000년 12월 31일까지 가입한 (구)개인연금, 2001년 1월 1일부터 가입한 (신)개인연금이다. 우리가 흔히 연금저축, 연금계좌라고 부르는 상품은 대부분 (신)개인연금에 해당하는 경우가 많고 이는 세액공제 12~15%(지방세 포함 13.2~16.5%)를 적용받는다. (구)개인연금은 연간 300만 원까지 납입 가능하고 납입액의 40%를 72만 원 한도로 소득공제 받을 수 있다. 추가로 두 연금 간의 차이점은 연금 수령 시 비과세 여부이다. (신)개인연금은 연금 수령 시 연령에 따라 5.5~3.3%의 연금소득세를 납부하고 연금 수령금액이 연간 1,500만 원을 초과하게 되면 타 소득과 합산하여 종합소득세율을 적용받게 된다. 그러나 (구)개인연금은 (신)개인연금과 달리 연금 수령 시 비과세 혜택을 받을 수 있고 비과세이니 연간 연금 수령금액이 1,500만 원을 초과하여도 타 소득과 합산하여 종합소득세율을 적용받는 일이 없다. 즉, (신)개인연금은 납입 시의 세액공제 혜택만 있지만, (구)개인연금은 납입 시에는 소득공제를, 연금 수령 시에는 비과세 혜택을 수 있는 장점이 있는 상품이다. 연금저축의 사례를 보면 절세의 문은 점점 좁아진다는 것을 알 수 있다. 이런 시대에 절세를 위해 이 책을 보고 있는 당신께 잘하고 있는 것이라는 칭찬과 응원의 메시지를 보낸다.

| 구분 | 개인연금저축(소득공제) | 연금저축(연금계좌 세액공제) |
|---|---|---|
| 가입기간 | 2000. 12. 31. 이전 가입 | 2001. 1. 1. 이후 가입 |
| 가입대상 | 만 20세 이상 | 만 18세 이상 |
| 납입금액 | 분기마다 300만 원 이내에서 납입 | 연 1,800만 원 이내('13년 이후 납입 시)+ISA계좌 만기 시 연금계좌 전환 금액 (20. 1. 1. 이후) |
| 납입기간 | 10년 이상 | 5년 이상('13년 이후 납입 시) |
| 소득공제 등 비율 | 연간 납입액의 40% | 연간 납입액*의 12%(총급여 55백만 원 이하 자는 15%) 세액공제<br>*연 600만 원(퇴직연금과 합하여 900만 원) 한도 |
| 공제금액 한도 | 연 72만 원(소득공제) | 연 72만 원~135만 원(세액공제) |
| 금융상품 | 은행 또는 투자신탁회사의 신탁상품, 보험회사의 보험상품, 우체국 보험, 수협의 조합이 취급하는 생명공제 | 은행 또는 투자신탁회사의 신탁상품, 보험회사의 보험상품, 우체국 보험, 수협 · 신협의 조합이 취급하는 생명공제, 증권투자회사의 연금저축 |

(2023 연말정산 신고안내 중)

## 소기업·소상공인 공제부금

소기업·소상공인 공제부금이라 하면 근로자가 아닌 사업자에게 해당되는 항목이다. 이는 사업자들이 가입하는 노란우산공제를 이야기하는 것이다. 노란우산공제는 개인사업자 또는 법인의 대표자로서 총급여액이 7,000만 원 이하인 사람이 가입 가능하며 소득금액별로 공제 한도가 달라지며, 흔히 사업하는 사람이 가입하는 퇴직금·연금 정도로 이해하면 된다.

| 구분 | 사업(또는 근로) 소득금액 | 최대소득 공제 한도 | 예상세율 | 절세효과 |
|---|---|---|---|---|
| 개인 · 법인대표 | 4,000만 원 이하 | 500만 원 | 6.6~16.5% | 330,000~825,000원 |
| 개인 | 4,000만 원 초과 1억 원 이하 | 300만 원 | 16.5~38.5% | 495,000~1,155,000원 |
| 법인 | 4,000만 원 초과 5,675만 원 이하 | 300만 원 | 16.5~38.5% | 495,000~1,155,000원 |
| 개인 | 1억 원 초과 | 200만 원 | 38.5~49.5% | 770,000~990,000원 |

노란우산공제도 연금 성격이 있다 보니 연금저축계좌로 세액공제를 받으면 중복 적용이 안 되는 것 아닌지 궁금할 수 있는데 이는 각각 공제 혜택을 받을 수 있다.

## 주택마련저축소득공제

무주택 세대의 세대주가 청약저축, 주택청약종합저축에 가입하고 납입할 경우 납입 금액의 40%를 소득공제 받을 수 있다. 예를 들어 무주택 세대의 세대주가 주택청약종합저축에 가입하여 연 300만 원을 납입한다면 300만 원×40%=120만 원이 소득에서 공제된다. 만일 연 360만 원을 납입하면 40%인 144만 원이 공제될까? 그렇지 않다. 주택마련저축의 공제 한도는 96만 원이며 이는 주택임차차입금 소득공제와 합하여 연 400만 원 한도로 공제받을 수 있다. 만일 주택임차차입금 소득공제로 320만 원을 공제받았다면 주택마련저축 소득공제는 120만 원이 아닌 80만 원만 공제받게 되는 것이다.

### 투자조합출자 등

'투자조합출자 등'은 소득공제의 꽃이라고 불리는 항목이다. 투자조합출자라 하면 다소 낯설게 느껴진다. 우리가 주변에서 쉽게 접하지 못했던 부분이기 때문이다. 투자조합출자는 크게 간접투자와 직접투자 2가지로 구분된다 생각하면 이해하기 쉽다.

1. 코스닥벤처펀드에 투자하면 300만 원 한도로 투자금의 10%를 소득공제 해주는 것이다.

2. 벤처인증기업에 직접 신주 또는 전환사채로 투자할 경우 근로소득금액의 50% 한도로 투자금액에 따라 비율대로 공제받게 된다. 투자금 3,000만 원까지는 100% 소득공제, 3,000만 원~5,000만 원은 70%, 5,000만 원 초과분은 50%를 소득공제를 받을 수 있다.

다른 소득공제는 많아야 몇백만 원 수준의 공제를 적용받게 되지만 투자조합출자 등은 몇천만 원의 단위의 소득공제를 적용받을 수 있는 항목이다. 공제금액이 크다 보니 고소득자들이 많은 관심을 갖는 항목이기도 하다. 앞서 우리는 나환급 씨가 연봉 6,000만 원이며 소득세를 1원도 내지 않는 면세자라는 사실을 확인했다. 나환급 씨는 여러 가지 소득공제 적용을 받았지만 그중 가장 큰 공제 혜택을 만들어 준 것이 바로 투자조합출자 등이다. 과세표준금액 6,000만 원인 사람이 벤처인증을 받은 기업에 신주 또는 전환사채에 3,000만 원 투자할 경우 과세표준은 3,000만 원으로 줄어들게 된다. 또한 소득세는 누진세율이기 때문에 과세표준금액이 낮아진 만큼 세율도 24% → 15%로 낮아지게 된다. 다른 조건을 배제하고 단순히 과세표준금액만을 비교해 본다면 과세표준금액 6,000만 원일 때 24% 세율을 적용받으면 864만 원의 세금이 발생하고, 소득공제를 받아 과세표준금액이 3,000만 원이 될 경우에는 324만 원이 된다. 투자조합출자 등 만으로도 540만 원의 절세가 가능해지는 것이고, 여기에 지방소득세 10%를 합산하면 총 594만 원의 절세혜택이 있다. 이는 세율 구간이 높은 고소득자일수록 절세금액이 커진다. 과세표준금액 1.8억 원인 사람이 3,000만 원 투자하면 절세효과가 얼마나 될까? 과세표준 1.8억일 때는 4,846만 원의 세금이 나오고, 투자조합출자 3,000만 원으로 소득공제가 되어 과세표준금액 1.5억 원일 때는 3,706만 원으로 1,140만 원의 절세혜택이 만들어진다. 여기에 지방소득세 10%를 감안

하면 총 1,254만 원의 절세가 되는 것이다. 투자조합출자 등은 투자 기간 3년을 유지하지 않을 경우 감면받았던 세액을 추징당하게 된다. 투자조합출자 등은 다뤄야 할 부분이 상당하기에 뒤에서 다시 한번 자세히 다루도록 하겠다.

### | 벤처투자 규모에 따른 소득공제

| 투자금액 | 소득공제 비율 | 공제 한도 |
|---|---|---|
| 3,000만 원 이하 | 100% | 종합소득금액의 50% |
| 3,000~5,000만 원 | 70% | |
| 5,000만 원 초과 | 50% | |

## 신용카드 등 사용액

우리는 소비를 할 때 신용카드, 직불카드, 현금을 사용하게 된다. 소비 시 사용하는 수단에 따라 공제 비율이 달라진다. 신용카드 15%, 직불카드와 현금 사용은 30%를 소득공제 받을 수 있다. 소득공제를 많이 받고 세금을 줄이려면 이런 카드와 현금을 적절히 잘 사용해야 한다는 얘기를 들어봤을 것이다. 이에 대해 필자는 조심스럽게 '의미 없다.'고 이야기하고 싶다.

카드 사용으로 절세 받아 내 주머니 사정이 나아지는 경우보다 세금 혜택이 다소 적어지더라도 카드 자체를 적게 쓰는 것, 즉 소비를 줄이는 것이 내 주머니 사정에 더욱 도움이 된다는 입장이다. 절세 vs 절약을 생각해 보자는 것이다. 다만, 살면서 자연스럽게 하게 되는 소비에 대해 소득공제가 이렇게 되는구나~ 정도로 이해하고 넘어가는 게 좋지 않을까 싶은 생각이 든다. 이렇게 생각하는 이유는 카드 사용으로 공제받는 금액이 그렇게 많지 않기 때문이다.

총급여가 7,000만 원 이하인 경우 신용카드 등으로 공제받을 수 있는 금액의 한도는 300만 원이고, 총급여 7,000만~1.2억인 경우 공제 한도는 250만 원, 총급여 1.2억 초과 시에는 공제 한도가 200만 원으로 줄어든다. 또한 신용카드를 사용하면 바로 소득공제 적용이 되는 것이 아니라 총급여의 25% 이상까지는 공제가 적용되지 않고 25% 이상 사용했을 경우 최대 300만 원을 공제받을 수 있다.

총급여 4,000만 원인 사람이 신용카드로 300만 원 공제 한도를 채우려면 일단 연봉의 25%인 1,000만 원을 초과하여 2,000만 원을 더 사용해야 한다. 즉, 연봉 4,000만 원에 카드 사용 3,000만 원으로 공제한도 300만 원을 만들고 그로 인해 절세되는 금액은 15% 세율 기준으로 45만 원이며 지방소득세 포함해야 49.5만 원이다. 물론 49.5만 원이 적은 돈은 아니다. 그러나 49.5만 원을 절세하기 위해 카드 사용 3,000만 원을 한다는 건 그다지 실익이 있어 보이지 않는다.

만일 신용카드가 아니라 공제율이 30%인 직불카드를 사용한다 해도 300만 원의 소득공제를 받기 위해서는 연봉 4,000만 원인 사람이 2,000만 원을 사용해야 한다. 상황이 이러니 소비를 할 것이라면 신용카드보다는 직불카드를 사용하는 것이 그나마 도움이 된다 할 수 있겠다. 그러나 여기서 절세 측면이 아닌 재무관리 측면에서 본다면 한 가지 더 생각할 필요가 있다. 바로 신용 점수이다. 빚을 진 사람과 빚이 없는 사람 중 신용 점수가 높은 사람은 누구일까? 직관적으로 생각해 본다면 빚이 없는 사람의 신용 점수가 높을 것 같지만 실제는 다르다. 적당한 빚을 지고 잘 갚는 사람의 신용 점수가 더 높다. 그도 그럴 것이, 신용이란 사전적 의미로 거래한 재화의 대가를 앞으로도 치를 수 있음을 보이는 능력이다. 이 능력이 있음을 인정받으려면 그 능력이 있음을 보여야 하는데 그게 바로 빚을 잘 갚은 행위인 것이다.

즉, 신용카드로 빚을 지고 그 빚을 잘 갚는 모습을 꾸준히 보이면 신용에 긍정적 영향을 준다는 것이다. 실제로 모든 조건이 동일하다면 사용하는 카드가 신용이냐 직불이냐에 따라 신용 점수는 큰 차이를 보이게 된다. 즉, 절세 측면만을 봤을 땐 직불카드 사용이 유리하지만 전체적인 재무관리 측면에서 본다면 꼭 정답이라고 할 수만은 없을 것이다. 신용카드 사용액에서 중요한 점은 세액공제와의 중복공제 여부이다. 신용카드로 의료비를 결제했다면 신용카드공제와 의료비 세액공제 2가지를 모두 적용받을 수 있다. 그러

## 라. 신용카드 등 사용금액 중 소득공제대상에서 제외되는 경우

(조특법 §126의2 ④, 조특령 §121의2 ⑥)

| 구 분 | 내 용 |
|---|---|
| 사업관련비용 | 사업소득과 관련된 비용 또는 법인의 비용을 근로자의 신용카드 등으로 결제한 경우 |
| 비정상적사용액* | 물품의 판매 또는 용역의 제공을 가장하는 등 신용카드·직불카드·직불전자 지급수단·기명식 선불카드·기명식선불전자지급수단·기명식전자화폐 또는 현금영수증의 비정상적인 사용행위에 해당하는 경우 |
| 자동차구입비용 | 자동차를 신용카드·직불카드·직불전자지급수단·기명식선불카드·기명식선불전자지급수단·기명식전자화폐 또는 현금영수증으로 구입하는 경우<br>(단, 중고자동차를 신용카드 등으로 구입한 경우 구입금액의 10%는 사용금액에 포함) |
| 자동차 리스료 | 「여객자동차운수사업법」에 의한 자동차대여사업의 자동차대여료를 포함한 리스료 |
| 보험료 및 공제료 | 「국민건강보험법」 또는 「노인장기요양보험법」, 「고용보험법」에 따라 부담하는 보험료, 「국민연금법」에 의한 연금보험료 및 각종 보험계약(생명보험, 손해보험, 우체국보험, 군인 공제회 등)의 보험료 또는 공제료 |
| 교육비 | 「유아교육법」, 「초·중등교육법」, 「고등교육법」 또는 「특별법」에 의한 학교(대학원 포함) 및 영유아보육법에 의한 어린이집에 납부하는 수업료·입학금·보육비용, 기타 공납금<br>※ 어린이집 입소료 제외(원천세과-245, 2011.4.21.) |
| 공과금 | 정부·지방자치단체에 납부하는 국세·지방세, 전기료·수도료·가스료·전화료(정보사용료, 인터넷이용료 등을 포함)·아파트관리비·텔레비전시청료(「종합유선방송법」에 의한 종합유선방송의 이용료 포함) 및 도로통행료 |
| 유가증권구입 | 상품권 등 유가증권 구입비 |
| 자산의 구입비용 | 「지방세법」에 의하여 취득세 또는 등록면허세가 부과되는 재산의 구입비용(주택 등) |
| 국가·지자체에 지급하는 수수료 등 | 「부가가치세법시행령」 제46조 제1호 및 제3호에 해당하는 업종 외의 업무를 수행하는 국가·지방자치단체 또는 지방자치단체조합(「의료법」에 따른 의료기관 및 「지역보건법」에 따른 보건소는 제외한다)에 지급하는 사용료·수수료 등의 대가 |
| 금융용역관련 수수료 | 차입금 이자상환액, 증권거래수수료 등 금융·보험용역과 관련한 지급액, 수수료, 보증료 및 이와 비슷한 대가 |
| 정치자금기부금 | 「정치자금법」에 따라 정당(후원회 및 각급 선거관리위원회 포함)에 신용카드, 직불카드, 기명식선불카드, 직불전자지급수단, 기명식선불전자지급수단 또는 기명식전자화폐로 결제하여 기부하는 정치자금(「조특법」 제76조에 따라 세액공제를 적용받은 경우에 한함) |
| 특례·일반기부금 | 기부금단체에 신용카드로 기부하는 경우 |
| 월세액 세액공제 | 「조특법」 제95조의2에 따라 세액공제를 적용받은 월세액 |
| 면세물품 구입비용 | 「관세법」 제196조에 따른 보세판매장, 법 제121조의13에 따른 지정면세점, 선박 및 항공기에서 판매하는 면세물품의 구입비용 |

* 비정상적인 사용행위

- 물품 또는 용역의 거래 없이 이를 가장하거나 실제 매출금액을 초과하여 신용카드 등에 의한 거래를 하는 행위
- 신용카드 등을 사용하여 대가를 지급하는 자가 다른 신용카드 등 가맹점 명의로 거래가 이루어지는 것을 알고도 신용카드 등에 의한 거래를 하는 행위. 이 경우 상호가 실제와 달리 기재된 매출전표 등을 교부받은 때에는 그 사실을 알고 거래한 것으로 본다.

(2023 연말정산 신고안내 중)

나 보장성보험료를 신용카드로 결제한 경우 보험료세액공제는 가능하지만 신용카드공제는 불가하다. 이는 사례에 따라 다르니 이전의 표를 참고하도록 하자.

## 우리사주조합출연금

우리사주조합출연금. 말만 들어도 어렵고 낯설다. 이래서 세금과 담쌓는 게 아닌가 싶기도 하다. 우리사주조합출연금이란 우리사주를 매수할 목적으로 만든 조합에 가입하여 그 조합에 개인이 출자하면 400만 원 한도로 소득공제 해주는 것이다. 즉, 자신이 근무하는 회사의 주식을 매수하는데, 시장에서 일반적으로 매수하듯 매수하면 소득공제 혜택이 없고 조합에 가입하여 매수하면 소득공제 혜택을 주는 것이다. 이때 한도는 연 400만 원인데, 벤처인증기업의 경우 연 1,500만 원까지 소득공제가 가능하다.

이렇게 소득공제 혜택이 있는 만큼 주의해야 할 사항도 있다. 바로 보유 기간에 따른 과세 체계이다. 소득공제 혜택을 전부 받기 위해서는 조합에 출연하고 인출 시기는 6년 이상 됐을 때 세금 혜택을 100% 누릴 수 있다. 만일 출연 후 2년이 안 되는 시점에 인출을 한다면 받았던 소득공제 혜택이 100% 사라지게 된다. 2년 이상~4년 미만은 50%, 4년 이상은 25%, 6년 이상이 되었을 때

0%가 된다. 따라서 완전한 세제혜택은 출연 후 6년 이후에 인출할 경우 가능해진다는 것이다. 즉, 우리사주조합출연금은 연간 400만 원(납입금액 100%) 한도로 소득공제 받을 수 있으며 6년간 보유해야 하는 것이다.

## 고용유지중소기업근로자

회사는 경영을 하는 중에 여러 가지 어려운 상황에 놓일 수 있고 이런 경우 위기를 탈출하기 위해 각종 비용을 줄이게 된다. 그 비용 중 인건비도 있다. 경영악화로 인원을 감축해야 하는 상황임에도 불구하고 사업주와 근로자가 협의하여 고용을 줄이지 않고, 대신 근로시간을 단축함으로써 회사의 비용을 줄이는 방법을 선택할 경우 급여가 줄어든 근로자는 줄어든 임금의 50%를 1,000만 원 한도로 소득공제 받을 수 있는 제도이다.

## 장기집합투자증권저축

소득공제장기펀드 또는 소장펀드라는 단어를 기억하는 분들이 있을 것이다. 장기집합투자증권이 바로 소장펀드이다. 이 펀드는 서민 절세상품으로 2014년 출시되었고 2015년 12월 31일까지만 한시

적으로 판매되었던 상품이다. 2016년부터는 ISA라는 상품이 절세 상품으로 자리를 잡아 지금도 유지되고 있다. 그러니 소장펀드가 없어졌다고 아쉬워할 필요는 없겠다. 장기집합투자증권은 납입금액의 40%를 연 240만 원 한도로 소득공제 받을 수 있으며 최대 10년간 소득공제를 받을 수 있는 상품이다. 그러나 누군가는 똑같은 상품에 가입하고 납입하였어도 소득공제를 받지 못하는 경우가 있다. 이 상품의 소득공제 요건을 보면 가입 직전 과세연도 총급여액이 5,000만 원 이하여야 한다는 조건이 있다. 그럼 가입할 때 직전 과세연도 총급여 5,000만 원 이하여서 가입한 사람이 그 이후 총급여액이 5,000만 원 이상으로 올라가면 어떻게 될까? 8,000만 원 이하까지는 똑같이 소득공제 적용을 받을 수 있지만, 8,000만 원을 초과하게 되면 소득공제를 받을 수 없다. 이런 상담 일화가 생각난다. "나중에 연봉 8,000만 원 정도나 되면 소득공제 안 받아도 되죠~."라고 했던 고객이 있었다. 지금은 어떤 마음일까?

### 청년형 장기집합투자증권저축

이 상품도 앞서 살펴본 장기집합투자증권과 크게 다르지 않다. 만 19~34세 이하인 청년이고, 직전과세 기간 총급여액이 5,000만 원 이하이면 가입 가능하다. 소득공제 혜택은 연간 600만 원 납입 가능하고 납입 금액의 40%인 240만 원 한도로 소득공제를 적용받을 수 있다. 장기집합투자증권과의 가장 큰 차이점은 근로소득자가 아니어도 가입이 가능하다는 것이다. 예전에 판매되었던 소장펀드는 근로소득자만 가입이 가능했었지만 청년형 소장펀드는 가입 연령에 제한을 두고 소득 범위를 넓혔다고 보면 된다. 이제는 프리랜서나 위촉직 등의 업무에 종사하는 사람도 종합소득금액 3,800만 원 이하라면 가입 가능하다. 가입 이후 종합소득금액 6,700만 원 이하여야 소득공제 적용이 가능하다는 점도 기억해 두자.

2025
직장인
연말정산
공략집

5

# 놓치면 후회하는 세액공제

앞서 우리는 소득공제 항목들에 대해 알아봤다. 지금부터 살펴볼 세액공제는 소득세가 줄어든다는 면에서 소득공제와 같지만 소득공제와는 다른 개념이다. 소득공제는 말 그대로 소득을 줄여줌으로써 세금이 줄어드는 효과를 만드는 것인 데 반해, 세액공제는 산출세액에서 세금을 직접적으로 차감해 주는 것이다. 세액공제는 소득공제와 달리 이미 세율이 반영된 산출세액에서 공제되는 것이기 때문에 세율이 높은 고소득자에 비해 상대적으로 세율이 낮은 저소득자에게 유리한 면이 있다. 어떤 상품에 가입했을 때

1. 연 400만 원 한도로 납입금액의 100%를 소득공제 해주는 것과
2. 연 400만 원 한도로 납입금액의 12%를 세액공제

해주는 제도가 있을 때 우리에게 유리한 건 무엇일까? 언뜻 정답이 떠오르지 않는다. 차근차근 계산해 보고 유불리를 정리해 보자. 여기서 유불리를 결정짓는 요소는 우리가 얼마의 세율을 적

용받느냐이다. 예시를 보며 이해해 보자.

### 예시 1

여기 총급여에서 근로소득공제를 차감한 근로소득금액이 9,200만 원인 나부장 씨가 있다. 납부한 400만 원의 절세효과를 구하기 위해 단순계산으로 다른 소득공제와 세액공제가 없다고 가정하면 9,200만 원에 대한 세금은 세율 35%를 적용하여 총 1,844만 원(소득세 1,676만 원+지방세 10% 추가)이 나온다.

- **나부장 씨 소득공제 400만 원 적용**

나부장 씨는 절세를 목적으로 연 400만 원 한도로 납입금액의 100%를 소득공제 해주는 상품에 가입하고 연 400만 원을 납입했다. 그럼 근로소득금액 9,200만 원에서 400만 원을 소득공제 하여 과세표준금액은 8,800만 원이 된다. 과세표준이 줄어드니 적용세율도 35% → 24%로 줄어들게 되었다. 이때 산출세액은 1,690만 원이고 소득공제로 절세된 금액은 154만 원이다(1,844만 원-1,690만 원=154만 원).

- **나부장 씨 세액공제 400만 원 12% 적용**

나부장 씨는 절세를 목적으로 연 400만 원 한도로 납입금액의

12%를 세액공제 해주는 상품에 가입하고 400만 원을 납입했다. 세액공제이기 때문에 과세표준이 줄거나 적용세율의 변화는 없었고, 산출세액에서 400만 원의 12%인 48만 원의 세액을 차감받게 된다. 여기에 지방세 10%를 더하면 총 52.8만 원의 절세혜택을 보게 된다.

정리하면

1. 연 400만 원 한도로 납입금액의 100%를 소득공제 받으면 절세금액 154만 원이고,
2. 연 400만 원 한도로 납입금액의 12%에 세액공제를 적용받으면 52.8만 원이다.

나부장 씨는 소득공제를 적용받는 것이 세액공제를 적용받을 때보다 101.2만 원 이익이 된다. 그럼 누구나 소득공제가 유리한 것일까? 꼭 그렇진 않다. 상대적으로 소득이 낮은 경우에는 낮은 세율을 적용받기 때문에 소득공제보다 세액공제가 유리하다. 예시 2를 보며 이해해 보자.

### 예시 2

여기 총급여에서 근로소득공제를 차감한 근로소득금액이 1,350만 원인 나초년 씨가 있다. 납부한 400만 원의 절세효과를 구하

기 위해 단순계산으로 소득공제와 세액공제가 없다고 가정하면 1,350만 원에 대한 세금은 세율 6%를 적용받아 총 89.1만 원(소득세 81만 원+지방세 8.1만 원)이 나온다.

- **나초년 씨 소득공제 400만 원 적용**

나초년 씨는 절세를 목적으로 연 400만 원 한도로 납입금액의 100%를 소득공제 해주는 상품에 가입하고 연 400만 원을 납입했다. 그럼 근로소득금액 1,350만 원에서 400만 원을 소득공제 하여 과세표준금액은 950만 원이 된다. 과세표준이 1,350만 원에서 950만 원으로 줄었지만 적용세율의 변화는 없다. 이때 절세된 금액은 총 26.4만 원이다(소득공제 전 89.1만 원-소득공제 후 62.7만 원=26.4만 원).

- **나초년 씨 세액공제 400만 원의 12%**

나초년 씨는 절세를 목적으로 연 400만 원 한도로 납입금액의 12%를 세액공제 해주는 상품에 가입하고 400만 원을 납입했다. 세액공제이기 때문에 과세표준이 줄거나 적용세율의 변화는 없었다. 절세금액 계산도 간단하다. 납입한 400만 원의 12%인 48만 원이다. 여기에 지방세 10%를 더하면 52.8만 원이다.

정리하면

1. 연 400만 원 한도로 납입금액의 100%를 소득공제 받으면 절세금액 26.4만 원이고,

2. 연 400만 원 한도로 납입금액의 12%에 세액공제를 적용받으면 52.8만 원이다.

나초년 씨는 나부장 씨와 달리 연간 400만 원을 납입하고 소득공제를 적용받는 경우보다 납입금액의 12%의 세액공제를 적용받는 것이 더 유리하다. 이처럼 세액공제는 고소득자에 비해 상대적으로 낮은 세율을 적용받는 경우 유리한 면이 있다. 또한 보통 세액공제는 소득에 따라 12%를 15%로 상향조정 하여 높은 세액공제를 적용받는 경우가 많다. 앞서 예시 2에서 나초년 씨는 나부장 씨와의 비교를 위해 세액공제율을 12%로 적용하여 52.8만 원의 절세가 되었지만, 현실에서 연금저축세액공제의 경우 총급여가 5,500만 원 이하인 나초년 씨 같은 사람은 세액공제 비율이 15%로 적용되어 60만 원의 절세효과가 발생하고 여기에 지방세 10%를 감안하면 66만 원이 절세되는 것이다. 그러니 상대적으로 낮은 세율을 적용받는 경우라면 세액공제가 절세에 효자 노릇을 한다는 점을 기억하며 세액공제 챕터를 살펴보자.

# 세액감면

원천징수영수증을 보면 소득공제와 세액공제 사이에 세액감면이 있다. 이는 각 법에 따라 세액을 감면받는 항목이다.

| | | |
|---|---|---|
| 세액감면 | ⑤①「소득세법」 | |
| | ⑤②「조세특례제한법」(⑤③제외) | |
| | ⑤③「조세특례제한법」 제30조 | |
| | ⑤④ 조세조약 | |
| | ⑤⑤ 세액감면계 | |

## 「소득세법」

정부 간의 협약에 따라 우리나라에 파견된 외국인이 양쪽 또는 한쪽 당사국의 정부로부터 받는 급여가 있을 때에는 종합소득 산출세액에서 그 세액에 해당 근로소득금액이 종합소득금액에서 차지하는 비율을 곱하여 계산한 금액을 감면한다. 근로소득에 대한 세액을 감면받으려는 사람은 세액감면신청서를 국내에서 근로소득금액을 지급하는 자를 거쳐 그 감면을 받고자 하는 달의 다음 달 10일까지 원천징수 관할 세무서장에게 제출하여야 한다.

### 「조세특례제한법」(53 제외)

아래의 「조세특례제한법」 제30조에는 중소기업취업자에 대한 소득세 감면뿐 아니라 외국인 기술자에 대한 소득세 감면(「조특법」 제18조), 성과공유 중소기업이 지급하는 경영성과급에 대한 세액감면(「조특법」 제19조), 중소기업 청년근로자 및 핵심인력 성과보상기금 수령액에 대한 소득세 감면 등(「조특법」 제29조의6)이 있다. 이에 해당하는 경우 회사에 소득세감면신청서를 제출하면 된다.

### 「조세특례제한법」 제30조

이는 중소기업취업자에 대한 소득세 감면이다. 근로계약 체결일에 15~34세 이하인 청년, 60세 이상인 사람, 장애인 및 경력단절 여성이 요건을 갖춘 중소기업에 2013년 12월 31일까지 취업하는 경우 해당 중소기업으로부터 받은 근로소득의 70~90%의 세액을 연 150만 원 한도로 감면을 받게 된다. 청년은 5년간 90% 세액감면, 60세 이상인 사람과 경력단절 여성은 3년간 70%의 세액을 감면받는다.

### 조세조약

원어민 교사의 근로소득에 대한 과세방법은 일반적으로 거주자인 내국인과 동일한 절차에 따라 과세된다. 다만, 조세조약상 교사·교수조항의 면세 요건을 충족하면 일정 기간(주로 2년, 중국은 3년) 동안 우리나라에서 발생된 근로소득에 대하여 면세혜택을 받을 수 있다.

# 세액공제

| 구분 | | 항목 | | | 구분 | 금액 |
|---|---|---|---|---|---|---|
| 세액감면 | ⑤1 「소득세법」 | | | | | |
| | ⑤2 「조세특례제한법」(⑤3 제외) | | | | | |
| | ⑤3 「조세특례제한법」 제30조 | | | | | |
| | ⑤4 조세조약 | | | | | |
| | ⑤5 세 액 감 면 계 | | | | | |
| 세액공제 | ⑤6 근로소득 | | | | | |
| | ⑤7 자녀 | | | | 공제대상자녀 ( 명) | |
| | | | | | 출산・입양자 ( 명) | |
| | 연금계좌 | ⑤8 「과학기술인공제회법」에 따른 퇴직연금 | | | 공제대상금액 | |
| | | | | | 세액공제액 | |
| | | ⑤9 「근로자퇴직급여 보장법」에 따른 퇴직연금 | | | 공제대상금액 | |
| | | | | | 세액공제액 | |
| | | ⑥0 연금저축 | | | 공제대상금액 | |
| | | | | | 세액공제액 | |
| | | ⑥0-1 개인종합자산관리계좌 만기 시 연금계좌 납입액 | | | 공제대상금액 | |
| | | | | | 세액공제액 | |
| | 특별세액공제 | ⑥1 보험료 | 보장성 | | 공제대상금액 | |
| | | | | | 세액공제액 | |
| | | | 장애인전용 보장성 | | 공제대상금액 | |
| | | | | | 세액공제액 | |
| | | ⑥2 의료비 | | | 공제대상금액 | |
| | | | | | 세액공제액 | |
| | | ⑥3 교육비 | | | 공제대상금액 | |
| | | | | | 세액공제액 | |
| | | ⑥4 기부금 | ㉮ 정치자금 기부금 | 10만원 이하 | 공제대상금액 | |
| | | | | | 세액공제액 | |
| | | | | 10만원 초과 | 공제대상금액 | |
| | | | | | 세액공제액 | |
| | | | ㉯ 고향사랑 기부금 | 10만원 이하 | 공제대상금액 | |
| | | | | | 세액공제액 | |
| | | | | 10만원 초과 | 공제대상금액 | |
| | | | | | 세액공제액 | |
| | | | ㉰ 특례기부금 | | 공제대상금액 | |
| | | | | | 세액공제액 | |
| | | | ㉱ 우리사주조합 기부금 | | 공제대상금액 | |
| | | | | | 세액공제액 | |
| | | | ㉲ 일반 기부금 (종교단체 외) | | 공제대상금액 | |
| | | | | | 세액공제액 | |
| | | | | | 공제대상금액 | |
| | | | ㉳ 일반기부금 (종교단체) | | 세액공제액 | |
| | | ⑥5 계 | | | | |
| | | ⑥6 표준세액공제 | | | | |
| | ⑥7 납세조합공제 | | | | | |
| | ⑥8 주택차입금 | | | | | |
| | ⑥9 외국납부 | | | | | |
| | ⑦0 월세액 | | | | 공제대상금액 | |
| | | | | | 세액공제액 | |
| | ⑦1 세 액 공 제 계 | | | | | |

세액공제는 근로소득, 자녀, 연금계좌 등 총 8가지로 나누어져 있다.

# 근로소득

| 56 근로소득 | |
|---|---|

근로소득세액공제는 자동으로 계산되기 때문에 근로자가 따로 신경 쓸 부분은 없다. 다만, 어떤 식으로 공제가 이루어지는지 가볍게 살펴보고 가자. 일단 세액공제금액과 세액공제 한도 2가지만 이해하면 된다. 근로소득세액공제금액은 산출세액 130만 원까지는 산출세액의 55%를 감면받고, 산출세액이 130만 원을 초과하는 경우에는 71.5만 원+130만 원 초과금액의 30%를 세액감면 받을 수 있다.

| 산출세액 | 공제세액 |
|---|---|
| 130만 원 이하 | 산출세액의 55% |
| 130만 원 초과 | 71만 5,000원+130만 원 초과금액의 30% |

근로소득세액공제 한도는 총급여에 따라 달라진다. 총급여 3,300만 원 이하는 74만 원 한도로 세액감면을 받을 수 있다. 3,300만 원 초과~7,000만 원 이하인 경우 최소 66만 원, 7,000만 원 초과는 최소 50만 원 한도로 공제받을 수 있고 총급여가 1억 2,000만 원을 초과할 경우 최소 20만 원 한도로 근로소득세액공제를 받을 수 있다.

| 총급여액 | 근로소득세액공제 한도 |
|---|---|
| 3천 300만 원 이하 | 74만 원 |
| 3천 300만 원 초과<br>7,000만 원 이하 | 74만 원-[(총급여액 - 3천 300만 원)×0.008] → (최소 66만 원) |
| 7,000만 원 초과<br>1억 2,000만 원 이하 | 66만 원-[(총급여액-7,000만 원)×1/2] → (최소 50만 원) |
| 1억 2,000만 원 초과 | 50만 원-[(총급여액-1억 2,000만 원)×1/2] → (최소 20만 원) |

# 자녀

| ⑰ 자녀 | 공제대상자녀(0명) | |
|---|---|---|
| | 출산 · 입양자(0명) | |

자녀세액공제는 크게 둘로 나뉘는데 기본적인 공제대상 자녀와 출산 및 입양을 한 자녀이다. 먼저 공제대상자녀를 알아보자.

## 공제대상자녀

기본공제를 떠올려 보면 본인, 배우자, 부양가족이 있다. 부양가족에 해당하는 자녀가 있고, 그 자녀가 8세 이상~20세 이하인 경우 자녀의 수에 따라 세액공제를 받을 수 있다. 1명인 경우 15만 원, 2명이면 35만 원을 공제받을 수 있고, 3명째부터는 30만 원씩 세액공제 받을 수 있다.

### 출산·입양자

추가로 해당 과세기간에 출산하거나 입양을 했다면 첫째 30만 원, 둘째 50만 원, 셋째 이상인 경우 70만 원을 세액감면 받을 수 있다.

여기서 다자녀를 둔 훌륭한 부모가 잊지 말아야 할 것이 있다. 3자녀이고 맞벌이 부부인 경우 첫째와 둘째는 아빠가, 셋째는 엄마가 공제받으면 아빠는 자녀 2명으로 35만 원, 엄마는 자녀 1명으로 계산되어 15만 원을 세액감면 받을 수 있다. 세액감면 효과를 키우고 싶다면 엄마와 아빠 중 1명이 3명 모두를 공제 신청하면 총 65만 원의 세액감면을 받게 된다. 다자녀를 둔 부모가 꼭 알아뒀으면 한다.

# 연금계좌

| 구분 | 항목 | 구분 | 금액 |
|---|---|---|---|
| 연금계좌 | ㊽「과학기술인공제회법」에 따른 퇴직연금 | 공제대상금액 | |
| | | 세액공제액 | |
| | ㊾「근로자퇴직급여보장법」에 따른 퇴직연금 | 공제대상금액 | |
| | | 세액공제액 | |
| | ⑥⓪ 연금저축 | 공제대상금액 | |
| | | 세액공제액 | |
| | ⑥⓪-1 ISA 만기 시 연금계좌 납입액 | 공제대상금액 | |
| | | 세액공제액 | |

## 「과학기술인공제회법」에 따른 퇴직연금

과학기술인공제회와 협약되어 있는 곳에서 근무할 경우 적용되는 퇴직연금이라 보면 된다. 과학기술인공제회 퇴직연금은 사업자부담분과 개인부담분이 있는데 개인부담분에 대해서는 연 1,800

만 원까지 납입할 수 있고, 연 900만 원 한도로 세액공제 받을 수 있다. 이는 전 금융기관의 연금계좌와 합하여 900만 원이므로, 만일 시중 금융사에 연금저축계좌에서 600만 원 납입하였다면 과학기술인공제회 퇴직연금으로 세액공제 받을 수 있는 금액은 300만 원이 된다.

### 「근로자퇴직급여보장법」에 따른 퇴직연금

퇴직연금은 크게 둘로 나뉜다. 회사가 납입하는 퇴직연금과 개인이 금융사에서 개설한 IRP계좌를 통해 납입하는 것. 이때 개인 IRP에 납입한 금액은 연간 900만 원 한도로 세액공제 받을 수 있다. 이때 공제 한도 900만 원은 연금저축과 합산하게 된다. 예를 들어 연금저축에 600만 원 납입하여 세액공제를 받는다면 퇴직연금으로 받을 수 있는 세액공제는 300만 원이 되는 것이다. 또한 총급여에 따라 세액공제 비율을 달라진다. 총급여 5,500만 원 이하이면 16.5%를 초과이면 13.2%의 세액공제를 적용받게 된다.

### 연금저축

세액공제 하면 가장 먼저 떠오르는 금융상품이 바로 연금저축이다. 연금저축이란 단어가 들어간 상품에 가입하여 납입하면 연 600만 원 한도로 납입금액의 16.5%(총급여 5,500만 원 초과 13.2%)를 세액공제 받을 수 있다. 600만 원을 납입하면 그의 16.5%인 99만 원(총급여 5,500만 원 초과인 경우 79.2만 원)의 절세효과가 생기는 것이다. 이렇게 큰 혜택이 주어지다 보니 연말정산 후 세금 돌려받지 않고 더 내는 사람들이 절세를 위해 가장 먼저 알아보는 것이 연금저축이다.

연금저축은 크게 2가지로 나뉘게 된다. 연금저축과 퇴직연금(개인형 IRP)이다. 연금저축만 납입하면 600만 원의 16.5%(총급여 5,500만 원 초과 13.2%)를 공제해 주고 연금저축과 퇴직연금(개인형 IRP)을 같이 납입하면 연 900만 원의 16.5%(총급여 5,500만 원 초과 13.2%)를 세액공제 받을 수 있다(개인형 IRP만 납입해도 900만 원까지 세액공제 가능).

900만 원 납입하여 16.5%의 세액공제를 받으면 총절세금액은 148.54만 원이나 된다. 말 그대로 16.5%(총급여 5,500만 원 초과 13.2%)의 확정 수익을 얻을 수 있는 재테크 상품이 되는 것이다. 물론 주의할 점도 있다. 연금저축은 말 그대로 연금이다. 저축한 돈을 연금 이외의 형태로 수령할 경우 세액공제 받은 납입원금과 운용수익에 대해 16.5%의 해지가산세를 내야 한다. "이 좋은 상품을 해지하는 일이 있겠어~ 연금은 어차피 필요한 건데?"라는 안일한 생각을 하는 사람들이 꽤나 많다. 2016년 통계를 보면 신규 계약 43만 건, 계약 해지 34만 건이라고 한다. 따라서 계약 해지는 신규 계약의 79.4%에 해당하며 매년 증가하는 추세이다.

또한 5년 동안 연금저축을 유지하는 비율은 62%, 10년 유지하는 사람은 49%라고 한다. 연금은 말 그대로 오래도록 가져가야 하는 장기 상품인데, 절세혜택만을 보고 가입하면 중도 해지하여 불필요한 비용이 발생할 수 있다는 점을 꼭 명심하자.

**| 연금저축과 IRP(개인형퇴직연금) 세액공제 한도**

| 총급여액 | 5,500만 원 이하<br>(4,500만 원 이하) | 5,500만 원 초과<br>(4,500만 원 초과) |
|---|---|---|
| 세액공제<br>납입 한도 | 연금저축 600만 원/IRP 900만 원 | |
| 세액공제율<br>(지방소득세 포함) | 16.5% | 13.2% |
| 환급세액 | 148만 5,000원 | 118만 8,000원 |

## ISA 만기 시 연금계좌 납입액

ISA계좌는 비과세를 적용받는 대표적인 절세상품이다. 연간 4,000만 원 한도로 납입할 수 있으며 최대 5년간 2억 원까지 납입할 수 있다. ISA계좌에서 발생한 이익의 500만 원(서민형 1,000만 원)까지는 비과세이고, 500만 원 초과된 이익에 대해서는 9.9% 분리과세를 적용받을 수 있기 때문에 금융소득종합과세를 걱정하지 않아도 되는 상품이다. ISA 계좌의 의무가입기간은 3년이다. 의무기간 3년 충족 이후 금액의 일부 또는 전부를 퇴직연금(개인형 IRP)으로 이체할 수 있다. ISA계좌 만기 60일 이내에 이체할 수 있고 이때 이체 금액의 10%를 300만 원 한도로 세액공제 받을 수 있다. 총급여에 따라 세액공제 비율이 나뉘는데 총급여 5,500만 원 이하인 경우 16.5%, 총급여 5,500만 원 초과인 경우 13.2%를 적용받게 된다.

# 특별세액공제

## 보험료

| ⑥① 보험료 | 보장성 | 공제대상금액 | |
|---|---|---|---|
| | | 세액공제액 | |
| | 장애인전용 보장성 | 공제대상금액 | |
| | | 세액공제액 | |

### ● 보장성

보험은 크게 돈을 모으는 목적의 저축성보험(연금 등)과 상해 및 질병 발생 시 보장받을 수 있는 보장성보험(암보험 등)으로 구분할 수 있다. 이때 보장성보험에 가입하고 납부하면 연간 100만 원 한도로 12%의 세액공제를 받을 수 있다. 이는 본인뿐 아니라 기본공제대상이 되는 부양가족을 위해 납부한 보험료까지 포함한다.

## 세액공제대상 보험료 및 세액공제대상금액 한도

| 구분 | 세액공제대상금액 한도 | 세액공제율 |
|---|---|---|
| 보장성보험의 보험료 | 연 100만 원 한도 | 12% |
| 장애인전용보장성보험의 보험료 | 연 100만 원 한도 | 15% |

### ● 장애인전용보장성

장애인이 장애인전용보장성보험에 가입하고 보험료를 납부하면 연 100만 원 한도로 15%의 세액공제를 받을 수 있다. 주의할 점은 장애인이 가입하는 모든 보험이 아니라 장애인전용보장성보험이어야 한다는 것이다. 또한 장애인이 2개의 보험을 가입했는데 일반 보장성보험 1개, 장애인전용보장성보험 1개를 가입했다면 각각 보험료세액공제를 받을 수 있다. 예를 들어 2개의 보험에 각각 연 100만 원씩 납입했다면 일반보장성보험 13.2%(지방세 10% 포함) 13.2만 원과 장애인전용보장성보험 16.5%(지방세 10% 포함) 16.5만 원을 합하여 총 297,000원의 세액공제 혜택을 보게 된다.

## 의료비

| ⑥② 의료비 | 공제대상금액 | |
|---|---|---|
| | 세액공제액 | |

본인 또는 생계를 함께하는 사람을 위해 지출하는 의료비로 총 급여의 3%를 초과하여 지출할 경우 그 금액의 15%를 700만 원 한도로 세액공제 받을 수 있다. 이때 부양가족은 기본공제대상자이지만 인적공제에 포함되지 않아도 공제된다. 예를 들어 부모님 소득이 연간 100만 원을 넘으면 기본공제대상자이지만 인적공제를 받을 수 없다. 인적공제는 소득과 나이 요건을 충족해야 하는데 이 중 소득요건이 충족되지 않은 것이다. 그럼에도 불구하고 부모님을 위해 지출한 의료비는 세액공제대상이 된다는 것이다. 의료비 세액공제는 인적공제와 달리 소득과 나이 요건을 요구하지 않기 때문이다.

또한 부모님의 연령이 65세 이상이라면 소득 3% 초과 요건과 700만 원 한도도 적용받지 않게 된다. 다만, 부모님이 다른 사람의 기본공제대상으로 들어가게 되면 세액공제를 받을 수 없다. 예를 들어 장남이 부모님을 기본공제대상으로 인적공제를 받고 있는데 차남이 부모님의 의료비를 지출했다고 가정해 보자. 그럼 차남은 부모님을 위해 지출한 의료비에 대해 세액공제 적용을 받지 못하는 것이다. 의료비 세액공제에서 주의할 점은 실손보험금을 수령한 금액에 대해서는 의료비 세액공제를 받을 수 없다는 것이다. 이는 실제로 본인이 의료비를 부담하지 않고 보험사가 부담했기 때문이다.

출산 후 산후조리비용으로 지출한 금액이 있다면 출산 1회당 200만 원 한도로 세액공제를 적용받을 수 있다. 2023년까지는 총급여 7,000만 원(종합소득금액 6,000만 원) 이하인 경우만 세액공제가 가능했으나 2024년부터는 소득으로 제한을 두지 않기 때문에 고액 연봉자들도 산후조리비용에 대한 세액공제가 가능하다.

| 구분 | 공제 한도 | 공제요건 |
|---|---|---|
| 본인,<br>65세 이상자,<br>장애인,<br>난임 시술비,<br>건강보험 산정특례자 | 전액 | - 의료비 지출액이 총급여액 3%를 초과하는 경우 그 공제대상금액의 15%(난임시술비는 30%)를 세액공제<br>- 부양가족의 나이 · 소득 제한 없음<br>- 근로기간(휴직기간 포함) 지출분만 공제함<br>- 근로자가 직접 부담한 지출분만 공제함<br>- 신용카드 중복공제 가능<br>- 산후조리원비용(출산 1회당 200만 원 한도)<br>- 미용 · 성형수술비용은 공제 제외<br>- 시력교정용안경(콘택트렌즈) 구입비용 1인당 50만 원 |
| 부양가족 | 연 700만 원 | |

## 교육비

| ㊸ 교육비 | 공제대상금액 | |
|---|---|---|
| | 세액공제액 | |

본인 및 기본공제대상자를 위해 지출한 교육비는 각 한도별로 15%의 세액공제를 적용받게 된다. 여기서 말하는 기본공제대상자는 나이를 적용하지 않는다. 자녀의 경우 20세 초과되면 직계비속으로 기본공제대상자이긴 하지만 인적공제는 적용받을 수 없다. 나이 요건이 충족되지 않았기 때문이다. 그러나 교육비는 나이 요건을 따지지 않기 때문에 세액공제를 적용받을 수 있다. 교육비에는 등록금뿐만 아니라 교복 구입비, 국외 교육비(유학·고등학생 제외) 등도 세액공제대상이 된다. 근로자 본인은 대학교뿐 아니라 대학원까지도 한도 없이 세액공제가 가능하다. 교육비에서는 학원에 대한 공제 여부를 궁금해하는 경우가 많다. 오른쪽 상단 표에서 보듯 취학 전 아동은 학원 및 체육시설 수강료도 공제대상이 된다. 취학 전 아동이니 3월 입학하기 전 입학 당해 1~2월에 지출한 수업료에 대해서도 세액공제를 적용받을 수 있다.

| 구분 | 세액공제대상금액 한도 |
|---|---|
| 근로자 본인 | 전액 공제가능<br>- 대학원교육비, 직업능력개발훈련시설 수강료, 시간제 등록 포함<br>- 학자금대출 원리금 상환에 지출한 교육비(상환연체로 추가 지급액 제외) |
| 장애인 특수교육비<br>(소득 · 나이<br>제한 없음) | 전액 공제가능(장애인재활교육을 위해 사회복지시설 등에 지급한 비용)<br>* 장애아동 발달재활서비스 제공기관 이용료는 나이 요건(만 18세) 제한 |
| 기본공제대상자인<br>(나이제한 없음)<br>배우자 · 직계비속 ·<br>형제자매, 입양자 및<br>위탁아동 | ① 취학 전 아동, 초 · 중 · 고등학생 → 1명당 연 300만 원<br>② 대학생 → 1명당 연 900만 원<br>* 직계비속이 든든학자금 등 대출로 지급한 교육비 제외<br>③ 대학원생 → 공제대상 아님 |

## 기부금

기부금은 기부받는 대상에 따라 공제가 달리 적용된다. 하나씩 살펴보도록 하자.

| | | | | |
|---|---|---|---|---|
| 기부금 | ㉮정치자금기부금 | 10만 원 이하 | 공제대상금액 | |
| | | | 세액공제액 | |
| | | 10만 원 초과 | 공제대상금액 | |
| | | | 세액공제액 | |
| | ㉯고향사랑기부금 | 10만 원 이하 | 공제대상금액 | |
| | | | 세액공제액 | |
| | | 10만 원 초과 | 공제대상금액 | |
| | | | 세액공제액 | |
| | ㉰특례기부금 | | 공제대상금액 | |
| | | | 세액공제액 | |

| 기부금 | ㉣우리사주조합기부금 | 공제대상금액 | |
|---|---|---|---|
| | | 세액공제액 | |
| | ㉤일반기부금(종교단체 외) | 공제대상금액 | |
| | | 세액공제액 | |
| | ㉥일반기부금(종교단체) | 공제대상금액 | |
| | | 세액공제액 | |

### ● 정치자금기부금

정당, 후원회, 선거관리위원회에 기부한 기부금을 말하며 근로소득금액을 한도로 하여 금액별로 세액공제 한도가 나뉘게 된다. 10만 원까지는 전액 공제되고, 10만~3,000만 원은 15%, 3,000만 원 초과된 금액은 25% 세액공제 된다. 또한 세액공제 적용 금액이 세액공제 한도를 초과할 경우 이월되지 않는다. 뒤에서 살펴볼 특례기부금과 일반기부금은 세액공제 적용 금액이 세액공제 한도를 초과할 경우 10년간 이월공제가 가능하다.

### ● 고향사랑기부금

고향사항기부금은 본인이 거주하고 있는 주소지 이외의 지역에 기부할 경우 10만 원까지는 전액 세액공제가 되며 10만 원을 초과하는 금액에 대해서는 15%의 세액공제 혜택이 주어진다. 연간 기부할 수 있는 한도는 500만 원이다.

고향사랑기부금은 세액공제에 더해 기부한 지역의 특산물을 기부한 금액의 30% 이내에서 답례품으로 받을 수 있다는 특징이 있다. 기부금액 10만 원까지 100% 세액공제와 답례품 30%가 있다 보니 여러 가지 기부 중 연말정산 혜택으로 보면 가성비(?)가 가장 좋은 기부라고 보여진다.

고향사랑기부금이라는 명칭이 주는 오해가 있는데 태어난 곳인 진짜 고향에 기부할 때만 세액공제가 되는 것은 아니다. 본인이 거주하고 있는 지역 이외의 지자체에 기부하는 경우 어디에 기부하더라도 혜택을 누릴 수 있다. 예를 들어 태어난 곳은 전라북도 군산시이고 현재 서울에 거주하는 사람이 경상북도 포항시에 기부하여도 세액공제 혜택을 받을 수 있는 것이다. 행정안전부의 홍보영상을 보면 마음의(?) 고향에 기부하여도 된다는 재치 있는 문구가 있다.

### ● 특례기부금

흔히 법정기부금이라 말하며 국가 또는 지방자치단체에 기부한 물품, 국방헌금과 위문금품, 천재지변 또는 특별재난구역 이재민 구호금품가액, 자원봉사 용역가액, 사립학교 등에 기부한 금품, 사회복지공동모금회와 대한적십자사에 기부한 기부금을 말한다. 쉽게 말해, 태풍 등으로 인해 재난지역으로 선포된 지역의 복구 및 이재민을 돕기 위해 기부할 경우 근로소득금액 한도로 1,000만 원 이하 15%, 1,000만 원 초과분 30%를 세액공제 받을 수 있다. 세액공제 한도를 초과한 경우 10년간 이월하여 공제받을 수 있다.

### ● 우리사주조합기부금

앞서 우리는 소득공제 부분에서 우리사주조합출연금에 대해 살펴봤다. 이는 우리사주를 매수할 목적으로 조합에 출연한 금액에 대해 소득공제 해주는 것인 데 반해, 우리사주조합기부금은 우리사주조합원이 아닌 사람이 우리사주조합에 기부한 기부금을 말한다. 근로소득금액 30% 한도로 1,000만 원 이하 15%, 1,000만 원 초과분 30%를 세액공제 받을 수 있다. 세액공제 한도를 초과하여도 이월공제를 적용받을 수 없다.

### ● 일반기부금(종교단체 외)

사회복지법인, 학술연구단체, 문화예술단체, 자선단체 등 공익성이 있는 곳에 기부할 경우 근로소득금액 30% 한도로 1,000만 원 이하 15%, 1,000만 원 초과분 30%를 세액공제 받을 수 있다. 세액공제 한도를 초과한 경우 10년간 이월하여 공제받을 수 있다.

### ● 일반기부금(종교단체)

교회나 성당과 같은 종교단체에 기부할 경우 근로소득금액 10% 한도로 1,000만 원 이하 15%, 1,000만 원 초과분 30%를 세액공제 받을 수 있다. 흔히 교회에서 하는 헌금 등이 해당된다. 세액공제 한도를 초과한 경우 10년간 이월하여 공제받을 수 있다.

## 기부금 세액공제 대상한도 및 세액공제율

<table>
<tr><th>기부금 종류</th><th>소득공제 · 세액공제<br>대상금액 한도</th><th colspan="2">세액공제율</th><th>이월<br>공제</th></tr>
<tr><td rowspan="2">① 정치자금기부금<br>(「조특법」 제76조)</td><td rowspan="2">근로소득금액×100%</td><td>10만 원 이하</td><td>100/110</td><td rowspan="2"></td></tr>
<tr><td>10만 원 초과</td><td>15%<br>(3,000만 원 초과분 25%)</td></tr>
<tr><td rowspan="2">② 고향사랑기부금<br>(「조특법」 제58조)</td><td>(근로소득금액-①)×100%<br>(연간 500만 원 한도)</td><td>10만 원 이하</td><td>100/110</td><td></td></tr>
<tr><td>(근로소득금액-①)×100%<br>(연간 500만 원 한도)</td><td>10만 원 초과</td><td>15/100</td><td></td></tr>
<tr><td>③ 특례기부금</td><td>(근로소득금액-①-②)×100%</td><td colspan="2" rowspan="4">특례기부금<br>+<br>일반기부금<br>+<br>우리사주조합기부금:<br>15%<br><br>(1,000만 원<br>초과분 30%)</td><td>10년</td></tr>
<tr><td>④ 우리사주조합기부금<br>(「조특법」 제88조의 4제13항)</td><td>(근로소득금액-①-②-③)×30%</td><td>-</td></tr>
<tr><td>⑤ 일반기부금<br>(「소법」 제34조제3항)<br>종교단체에 기부한 금액이 있는 경우</td><td>[(근로소득금액-①-②-③-④)×10%<br>+(근로소득금액-①-②-③-④)의 20%와 종교단체 외에 지급한 금액* 중 적은 금액]<br>*당해+이월 연도 종교단체 외 일반 기부금</td><td rowspan="2">10년</td></tr>
<tr><td>⑥ 일반기부금<br>(「소법」 제34조제3항)<br>종교단체에 기부한 금액이 없는 경우</td><td>(근로소득금액-①-②-③-④)×30%</td></tr>
</table>

* 일반기부금(종교단체 및 비종교단체 포함)은 근로소득금액의 30%를 초과할 수 없음

## 표준세액공제

| ⑯ 표준세액공제 | |
|---|---|

앞서 우리는 여러 가지 특별소득공제와 특별세액공제를 살펴봤다. 만일 이러한 항목들을 적용하여도 감면받은 세액이 13만 원보다 적다면 일괄적으로 13만 원의 표준세액공제를 적용하는 것이 좋다. 예를 들어, 특별소득공제와 특별세액공제를 통해 감면되는 세액이 13만 원보다 적다면 공제신청을 하지 않고 표준세액공제만을 적용하는 것이다. 단, 표준세액공제가 적용되면 정치자금기부금과 우리사주조합기부금 이외의 항목은 공제 감면을 받을 수 없다. 그러니 연말정산 신청 전 국세청의 연말정산모의계산을 통해 감면되는 금액을 미리 확인해 보는 것이 좋다.

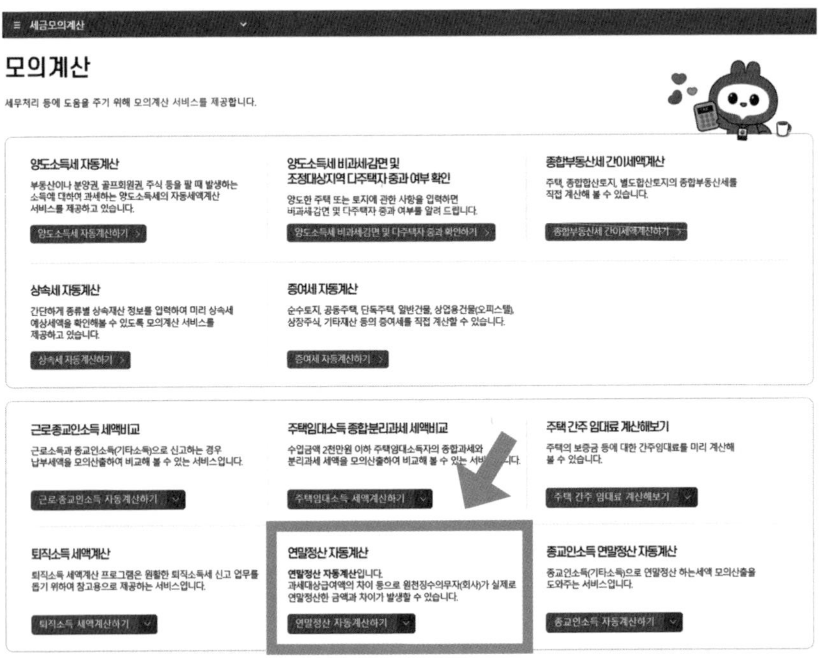

## 납세조합공제

| ⑰ 납세조합공제 | |
|---|---|

납세조합공제는 근로소득자에게는 해당 사항이 없고, 사업자에게 해당하는 항목이다. 많은 사업자들이 세금납부에 대한 절차적 번거로움과 일시에 목돈이 나가는 부담을 느끼곤 한다. 그래서 납세조합은 이런 부담을 덜고자 하는 목적으로 설립되었다. 조합원은 매월 일정한 금액을 조합에 납부함으로써 일시에 목돈이 나가는 부담을 덜 수 있다. 이렇게 납세조합을 통해 세금을 납부하게 되면 납세자에게는 연간 100만 원 한도로 세액의 5%를 공제하는 혜택이 주어진다.

## 주택차입금

| ⑱ 주택차입금 | |
|---|---|

무주택 세대주 또는 1주택만을 소유한 세대주인 근로자가 1995년 11월 1일~1997년 12월 31일 기간 중 미분양주택(「조세감면법」 제

6조의2의 규정에 의한)의 취득과 직접 관련하여 1995년 11월 1일 이후 국민주택기금 등으로부터 차입한 대출금의 이자상환액에 대하여 30%를 세액공제 해준다. 쉽게 말해 건설경기 위의 시기에 미분양된 주택을 매수하기 위해 대출을 받았고 그 대출을 상환하면 이자상환액의 30%를 세액공제 해주는 제도이다.

## 외국납부

| ⑥⑨ 외국납부 | |
|---|---|

개인이나 법인이나 여러 국가에 걸쳐 소득 활동을 하는 사례가 많아지고 있다. 이때 우리나라, 다른 나라에서 각각 세금을 납부하면 하나의 소득으로 둘의 세금을 납부하는 이중과세 문제가 발생한다. 소득은 하나인데 세금은 둘을 내게 된다면 해외 진출을 꺼리게 된다. 그래서 대부분의 국가에서는 국제적 이중과세를 조정하여 이중과세가 되지 않도록 하거나 최소화해 주고 있다. 즉, 다른 나라에서 원천소득이 발생하여 그 국가에서 세금을 납부했다면 우리나라에서는 그만큼의 세액을 감면해 주는 것이다.

## 월세액

| ⑩ 월세액 | 공제대상금액 | |
|---|---|---|
| | 세액공제액 | |

무주택 세대의 세대주 또는 세대원의 명의로 주택을 임차하면 월세액의 17%(총급여 5,500만 원~8,000만 원 월세액의 15%)를 공제받을 수 있다. 월 세액공제 한도는 1,000만 원이며, 일반적인 주택이 아닌 오피스텔 및 고시원도 공제 가능하다. 즉, 총급여 8,000만 원 이하인 사람이 무주택자이고 월세를 납부한다면 세액공제가 가능한 것이다. 단, 세대주가 주택 관련 공제를 받지 않은 경우 가능하다.

| 공제대상자 | - 총급여 8,000만 원(종합소득금액 7,000만 원) 이하인 근로자<br>- 무주택 세대의 세대주 또는 세대원(세대주가 주택 관련 공제받지 않은 경우)<br>- 본인 또는 본인의 기본공제 대상자 명의로 주택 임차 |
|---|---|
| 공제대상주택 | - 국민주택규모(85㎡) 또는 기준시가 4억 원 이하 주택(주거용 오피스텔, 고시원 포함)<br>☞ 임대차계약증서상 주소지와 주민등록등본 상 주소지 동일 |
| 세액공제 혜택 | - 총급여 5,500만 원 이하: 월세액 17% 세액공제<br>(종합소득금액 4,500만 원 이하자)<br>- 총급여 5,500만 원 초과~8,800만 원 이하: 월세액의 15% 세액공제<br>(종합소득금액 7,000만 원 초과자 제외)<br>☞ 월세액은 연 1,000만 원까지만 공제 가능 |

# 2025
# 직장인
# 연말정산
# 공략집

6

# 근로자 절세의 꽃 벤처투자 소득공제

# 벤처투자가 뭐예요?

이 책의 시작을 연 이 대표님의 사례를 기억하는가? 이 대표님은 연봉이 10억 원이나 되는데 납부한 세금은 6,000만 원밖에 되지 않았다. 이유는 다양한 소득공제와 세액공제를 적용받았기 때문이다. 그중 상당한 비중을 차지하는 것이 바로 투자조합출자 등이라는 항목이다.

이는 「조세특례제한법」 제16조에 따라 벤처기업에 직접 투자할 경우 투자금액의 최대 100%까지 소득공제 해주는 제도이다. 여태까지 우리가 살펴본 소득공제와 세액공제는 그 공제 한도 금액이 1,000만 원 단위까지 올라가는 것은 없었다. 그러나 벤처투자는 근로소득금액(종합소득)의 50% 한도 내에서 투자금 3,000만 원까지 100% 소득공제가 가능하다. (3,000만~5,000만 70%/5,000만 초과 50%)

|  |  |  | |
|---|---|---|---|
| 그 밖의 소득공제 | ㊳ 개인연금저축 | | |
| | ㊴ 소기업 · 소상공인 공제부금 | | |
| | ㊵ 주택 마련저축 소득공제 | ㉮ 청약저축 | |
| | | ㉯ 주택청약종합저축 | |
| | | ㉰ 근로자주택마련저축 | |
| | ㊶ 투자조합출자 등 | | |
| | ㊷ 신용카드 등 사용액 | | |
| | ㊸ 우리사주조합출연금 | | |
| | ㊹ 고용유지 중소기업 근로자 | | |
| | ㊺ 장기집합투자증권저축 | | |
| | ㊻ 청년형 장기집합투자증권저축 | | |
| | ㊼ 그 밖의 소득공제 계 | | |
| ㊽ 소득공제 종합한도 초과액 | | | |

쉽게 말해 근로소득금액 6,000만 원인 사람은 3,000만 원 투자 시 소득공제 3,000만 원을 적용받아 과세표준금액이 3,000만 원이 되고 소득세가 상당 부분 줄어들게 되는 것이다. 정말 파격적인 세제혜택이 아닐 수 없다. 실제 절세금액을 계산해 보면 과세표준금액이 1억 원인 사람은 세율 35%를 적용하여 21,516,000원의 납세 부담이 생기는데 벤처투자 3,000만 원을 통해 3,000만 원의 소득공제를 받게 되면 과세표준금액이 1억 원에서 7,000만 원으로 줄어들게 되고 적용세율도 35% → 24%로 낮아지게 된다. 결국 납세 부담은 21,516,000원에서 12,144,000원으로 9,372,000원 줄어들게 되는 것이다.

이는 벤처투자 한 금액인 3,000만 원의 31.24%에 달한다. 즉, 3,000만 원 벤처투자로 31.24%의 확정 수익을 얻게 되는 꼴이다. 벤처투자 유지 기간은 3년이니 31.24%는 3년간 얻게 되는 수익률이고 이를 연 환산 수익으로 계산하면 10.4%의 수익률이 만들어진다. 대한민국 어디에도 3,000만 원을 투자하여 연 10.4%의 확정 수익을 얻게 되는 방법은 없다.

| | 과세표준 1억 원 | 과세표준 7,000만 원 |
|---|---|---|
| 적용세율 | 35% | 24% |
| 납부 세금 | 21,516,000원(지방세 10% 포함) | 12,144,000원(지방세 10% 포함) |
| 차이 | 9,372,000원 | |

나라에서 세제혜택을 줄 때는 그만한 이유가 있다. 나라에 도움이 되는 행위를 했을 때 세제혜택을 주는 것이다. 예를 들어 종교단체에 기부할 때는 근로소득금액의 10% 한도로 세액공제가 되지만 사회복지법인, 학술연구단체, 문화예술단체, 자선단체 등 공익성이 있는 곳에 기부할 경우 근로소득금액 30% 한도로 공제 혜택이 커진다. 이는 종교단체에 하는 기부보다 자선단체 등에 기부하는 것이 나라에 더 도움이 된다고 판단하는 것이다. 그럼 벤처투자는 나라에 얼마나 많은 도움이 되길래 투자금의 100% 소득공제라는 놀라운 혜택을 주는 것일까?

# 벤처투자 소득공제의 역사

벤처투자 소득공제의 역사를 보면 이해가 된다. 벤처투자가 처음 도입된 시기는 1997년이다. 1997년 하면 떠오르는 국가적 사건이 있다. 바로 외환위기이다. 외환위기는 대한민국의 많은 사람들을 가난하게 만들었다. 물론 정부도 예외가 될 수 없었다. 세금을 내야 할 사람들이 돈을 벌지 못하니 세금을 걷지 못하고 정부도 곳간이 비게 되는 것이다. 이런 상황에서 정부는 세금을 낼 사람들을 살려야 한다. 즉 적절한 제도와 지원을 통해 경제가 활성화될 수 있도록 노력해야 한다. 정부가 경기부양을 위해 사용하는 것은 통화 정책으로 금리의 조정이 있고 이와 함께 재정 정책으로 세금과 정부 지출이 있다. 세금을 올리거나 줄이거나, 정부 지출을 늘리거나 줄이거나 하는 것이다. 외환위기와 같은 위기 상황에서 정부는 경기부양을 위해 세금을 줄이고 지출을 늘리는 선택을 하게 된다. 그러나 문제는 정부 곳간에 돈이 없는 것이었다. 기업을 살리는 직접적인 방법은 돈을 다양한 방법으로 지원하는 것인데 그 돈이 없는 것이다. 그래서 정부는 민간에서 돈을 구하기로 했고 그 구하는 방법이 바로 벤처투자인 것이다.

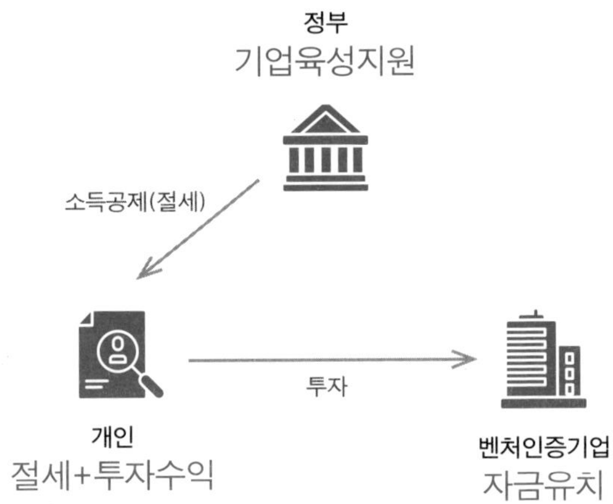


경제 주체는 정부, 기업, 개인(가계)으로 구분된다. 이 세 주체는 각각 원하는 바가 있다. 정부는 기업을 육성·지원하고 싶고, 기업은 자금 조달을 원하고, 개인(가계)은 투자를 통해 돈을 벌고 싶어 한다. 벤처투자는 세 주체가 원하는 바를 정확히 만족시켜 준다. 개인이 일정 요건을 충족한 기업에 투자할 경우 그 투자금을 소득에서 공제해 주는 것이다. 그럼 정부는 지출 없이 기업에 돈이 흘러 들어갈 수 있도록 할 수 있고, 기업은 원하는 자금을 조달받게 되고, 개인은 절세혜택을 통해 가장 확실한 수익을 추구할 수 있게 되는 것이다. 이렇게 세 주체가 만족하다 보니 이 제도는 1997년 생겨난 이후 아직까지도 그 명맥이 유지되고 있고 심지어 세제혜택이 더욱 커져왔다.

<table>
<tr><td colspan="2">시점</td><td>'97년</td><td colspan="2">'14년 1월</td><td>'16년 2월</td><td>'18년 확대(안)</td></tr>
<tr><td rowspan="2">대상기업</td><td>전체 업력</td><td colspan="4">① 벤처기업</td><td>⑤ (추가) 기술우수(②+③+④)<br>기업에 크라우드펀딩 통한 투자</td></tr>
<tr><td>3년 미만</td><td>-</td><td colspan="2">② 기술성<br>우수*기업<br>*중진공, 기보 평가</td><td>③ R&D 지출年<br>3,000만 원<br>이상</td><td>④ (추가) TCB 평가* 우수기업<br>*기술신용평가(금융위) 5등급 이상</td></tr>
<tr><td colspan="2">공제율</td><td>10~<br>30%</td><td>- 50%<br>(5,000만 원<br>이하)<br>- 30%<br>(5,000만 원<br>초과)</td><td colspan="2">- 100%<br>(1,500만 원 이하)<br>- 50%<br>(1,500만 원 초과)<br>- 30%<br>(5,000만 원 초과)</td><td>- 100%(3,000만 원 이하)<br>- 70%(3,000만 원 초과)<br>- 30%(5,000만 원 초과)</td></tr>
<tr><td colspan="2">시점</td><td>'97년</td><td>'14년 1월</td><td colspan="2">'15년 1월(현행)</td><td>'18년 1월 1일~</td></tr>
</table>

1997년 제도가 시작됐을 땐 투자금의 10~30%를 공제해 주었지만, 2014년에는 30~50%, 2015년부터는 30~100%까지 소득공제가 되었다. 그리고 2018년부터는 3,000만 원까지는 100% 소득공제가 되기 시작했다. 선진국이 될수록 복지 예산 등이 많아지기 때문에 국민들의 납세 부담이 커지기 마련인데 이는 오히려 역행하는 것이다. 벤처투자의 세제혜택은 갈수록 커져왔다. 그만큼 정

부의 입맛에 맞는 제도라는 것이고, 이는 앞으로도 쉽게 없어지지 않을 제도라고 볼 수 있겠다. 그러니 벤처투자 소득공제를 제대로 이해하고 활용한다면 소득 활동을 하면서 꾸준히 절세할 수 있는 방안이 될 것이다. 한번 익히고 배워둔 운전 실력은 평생 사용할 수 있는 것과 마찬가지이다. 실제로 필자는 벤처 풍차돌리기로 매년 최소의 세금만을 부담하는 사례를 많이 봐왔다. 벤처 풍차돌리기라는 단어가 낯설 것이다. 그러나 걱정할 필요는 없다. 벤처투자 제도를 이해한다면 너무나 쉬운 방법이니 말이다.

# 벤처투자 풍차돌리기

적금 풍차돌리기는 들어본 적이 있으나 벤처 풍차돌리기는 처음 들어보는 이들이 많을 것이다. 그도 그럴 것이 벤처투자 자체도 생소한데 그 벤처투자를 활용하는 벤처투자 풍차돌리기는 낯선 것이 당연하다. 그러나 이 장에서 제대로 이해하고 넘어간다면 앞으로 당신의 세금은 납부의 대상이 아니라 저축 또는 재투자의 대상으로서 자산증식에 큰 도움이 될 것이다.

벤처투자를 통해 소득공제를 받으려면 몇 가지 조건이 있는데 그중 하나가 바로 투자 기간이다. 투자하고 3년간 그 투자를 유지해야 한다. 투자금을 회수하거나 보유 지분을 매각할 경우 받았던 세제혜택을 추징당하게 된다. 그래서 벤처투자는 3년이라고 이야기한다. 벤처투자 풍차돌리기는 3,000만 원까지 100% 소득공제가 되고 3년을 유지해야 한다는 점을 활용하는 것이다.

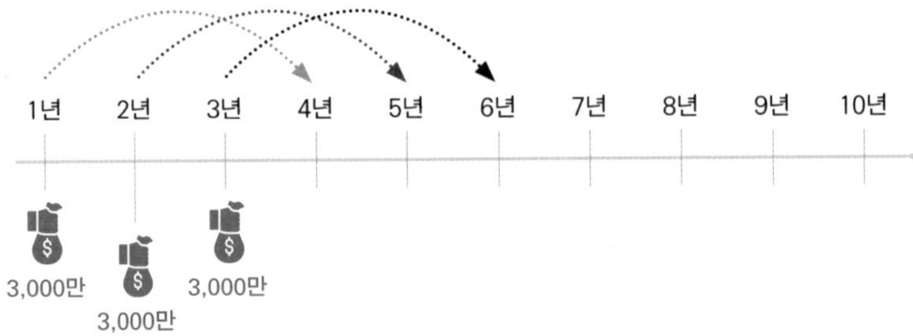


첫해에 3,000만 원을 투자하면 앞선 사례처럼 어지간한 직장인 2~3개월분 급여에 해당하는 약 937만 원의 절세혜택을 누릴 수 있다. 그리고 그다음 해에도 3,000만 원을 투자하면 또 약 937만 원의 혜택을, 3년 차에도 3,000만 원을 투자하면 또 약 937만 원의 절세혜택을 누릴 수 있다. 이때까지 들어간 총투자금은 9,000만 원이다. 이제 더 이상 추가로 투자할 필요는 없다. 왜냐하면 1년 차에 투자한 돈이 회수되면 4년 차에는 그 돈을 다시 투자하면 되기 때문이다. 그럼 또 약 937만 원의 절세혜택을 누릴 수 있고, 5년 차에는 2년 차에 투자한 돈이 만기 후 회수되어 투자 재원으로 활용할 수 있다. 그리고 6년 차에는 마찬가지로 3년 차에 투자했던 돈이 회수되어 새로운 투자 재원으로 활용될 수 있는 것이다. 이처럼 최초 3년간만 본인에게 맞는 투자금을 산정하여 투자해 놓고 나면 3년마다 그 돈이 돌아 소득 활동하는 내내 투자될 수 있고, 절세혜택을 누릴 수 있다. 여기서 하고 싶은 질문이 있을 것이다. '벤처투자는 예금처럼 만기가 되면 무조건 돌려받는 것인가?'

하는 질문이다. 좋은 질문이다. 여기서 벤처투자에 대한 조금은 디테일한 부분을 이해해 보자.

# 벤처투자 인정 유형

벤처투자는 쉽게 말해 정부로부터 벤처기업임을 인정받은 기업에 개인 및 개인투자조합을 통해 투자하는 것을 말한다.

발급번호 제202304

벤처기업확인서

CERTIFICATE OF VENTURE ENTERPRISE

- 기업명 주식회사
- 사업자등록번호 143-81
- 대표자 오
- 주소 경기도 101호
- 확인유형 벤처투자유형
- 유효기간 2023년 04월 19일 ~ 2026년 04월 18일

위 기업은 「벤처기업육성에 관한 특별조치법」 제25조의 규정에 의거 벤처기업임을 확인합니다.

2023년 04월 20일

벤처기업확인기

(벤처기업확인기관 지정기간 : '20.7.1~'23.6.30)

쉽게 말해 위의 확인서를 갖고 있는 회사에 직접이건 개인투자조합을 통해서이건 투자하면 되는 것이다. 2023년 10월 31일 기준으로 벤처기업으로 등록된 회사는 39,140곳이다. 그럼 이런 회사에 어떤 형태로든 투자만 하면 소득공제가 가능하다는 것이냐? 그렇지는 않다. 투자는 기본적으로 주식으로 투자되어야 하고, 이미 발행되어 있는 주식이 아닌 유상증자인(새로운 주식을 발행) 경우 소득공제가 가능하다. 만일 이미 발행되어 누군가 보유한 주식을 인수받는 경우에는 벤처투자 소득공제가 적용되지 않는다. 벤처투자 소득공제는 주식뿐 아니라 전환사채 투자 시에도 가능하다. 전환사채는 채권이지만 만기에 채권자가 요청하면 채권을 주식으로 변경할 수 있는 권리가 포함되어 있는 채권이다. 즉, 채권에 주식전환 옵션이 붙어 있다고 생각하면 된다. 만기에 원금을 회수해도 되고, 채권자가 원할 경우 주식으로 변경하여 지분을 소유할 수도 있는 것이다. 이때 채권에는 근저당권 및 질권과 같은 담보물을 제공받지 않아야 한다.

앞서 우리는 벤처투자 풍차돌리기에 대해 이야기했다. 이는 주식보다는 만기가 정해져 있는 전환사채로 투자할 때 유용한 절세 전략이다. 여기서 중요한 점은 벤처기업으로 등록되어 있는 39,140곳 중 어떤 회사에 투자해야 할지를 알아보고 결정하는 것이다. 그럼 여기서 하고 싶은 질문이 있을 것이다. '어디에서 어떻게 기업 정보를 얻고 알아볼 수 있나?'이다. 이는 중소벤처기업부에서 운영하는 벤처투자종합포털 사이트를 참고하면 된다. 벤처투자에 대한 다양한 질문과 정보들이 잘 정리되어 있으니 참고하기 바란다.

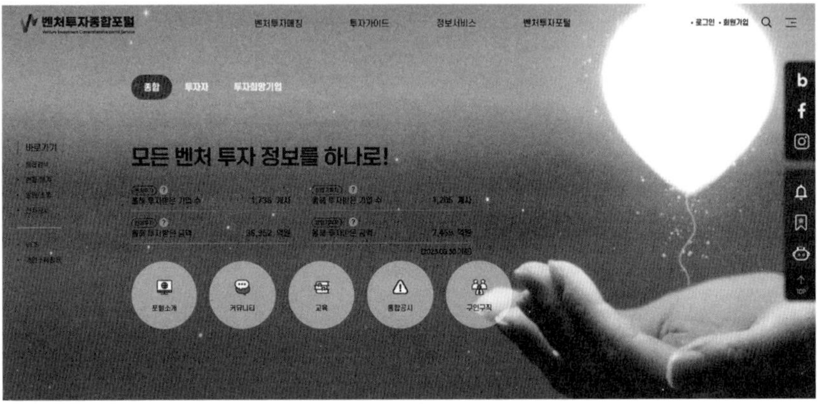

# 벤처투자는 주식이 아닌 전환사채로

앞서 벤처투자의 장점에 대해 이야기했다. 그러나 간과할 수 없는 부분이 바로 위험성이다. 아마 벤처투자 부분을 읽으면서 계속 이런 생각이 들었을 것이다. '절세혜택은 좋네. 근데 원금 날리면?' 이란 생각 말이다. 맞는 말이다. 벤처투자 소득공제 제도를 모르는 경우도 있지만 안다고 해도 그 위험성이 너무나 크기 때문에 쉽사리 접근하지 못하는 경우도 많이 있다. 투자한 기업이 잘 성장하여 유니콘(기업가치 1조)기업이 되면 소위 말하는 대박이 나겠지만 그렇게 되지 않을 경우 주식을 다시 현금화하는 게 너무나 어렵다. 말 그대로 아무 쓸모 없는 주식이 되어버리는 것이다. 투자한 회사가 폐업하는 경우도 있겠지만 이렇게 현금화가 안 되어 원금을 사실상 잃게 되는 것이다. 그래서 현금화가 어려운 주식보다 돌려받는 날이 정해진, 즉 만기가 정해져 있는 전환사채로 투자하는 것이다. 전환사채는 채권 만기 시점에 미리 정한 비율에 따라 채권을 주식으로 변경할 수 있다. 따라서 만기 시점에 채권 회수(현금으로 돌려받기)와 주식으로 전환(현금 대신 지분으로 받기)하는 것 중 유리한 것을 투자자가 선택할 수 있다.

전환사채와 같은 채권 투자의 포인트는 만기에 잘 돌려받을 수 있냐는 것이다. 즉, 회사의 재정 안정성이 건실한지가 관건이다. 벤처투자 풍차돌리기를 하기 위해 벤처투자종합포털을 통해 열심히 알아보고 괜찮은 회사를 찾았다고 가정해 보자. 괜찮은 회사를 찾기만 하면 채권으로 벤처투자를 할 수 있을까? 현실적으로 쉽지는 않을 것이다. 이유는 간단하다. 회사의 대표는 채권이 아닌 주식으로 투자받고 싶어 하기 때문이다.

주식은 말 그대로 회사의 지분을 판 것이고 상환 의무가 없기 때문에 대표 입장에서는 편하게 사용할 수 있는 돈이다. 대신 회사가 잘됐을 때 성과를 나눠야 한다. 반대로 채권은 잘됐을 때 성과를 나누는 일은 없지만 회사가 잘되든 안되든 만기에 원금을 돌려줘야 하는 부담이 생긴다. 당신이 회사의 대표라면 주식과 채권 중 어떤 것을 원하겠는가? 대부분의 대표자들은 원금상환의 압박보다는 성과를 나누더라도 편하게 사용할 수 있는 주식으로의 벤처투자를 선호한다. 잘돼서 나누는 것은 감당할 수 있고 당연히 그렇게 해야 하는 것인데, 회사가 잘될지 안될지도 모르는데 원금상환의 압박에 놓이면 투자받은 돈을 편하게 사용할 수 없으니 말이다.

또한 회사의 현금흐름이 너무나 좋아 만기에 원활히 채권을 상환할 수 있는 회사는 애초에 벤처투자를 받지 않을 것이다. 이유는 재무제표상 부채 비율이 높아지기 때문이다. 회사는 개인에게 벤처투자를 받기도 하지만 그 비율보다 VC나 금융기관 또는 정부기관으로부터 받게 되는 융자 및 지원사업이 더욱 큰 비중을 차지한다. 이때 벤처투자로 채권을 발행하면 회사의 부채 비율이 높아지고 대외 신용도 평가에 좋을 게 없다. 상황이 이렇다 보니 좋은 업체를 찾아내고 벤처투자까지 한다는 것은 정말 쉬운 일이 아니다. 만일 여러분이 마음 편하게 전환사채로 투자할 수 있는 회사를 찾았다면 굉장한 정보를 갖고 있는 것이고 자축의 박수를 쳐도 좋다.

# 벤처투자 할 회사 어떻게 찾지?

여기까지 보고 난 후 이런 생각이 들 수 있다. '벤처투자 소득공제 좋고 전환사채로 투자해야 하는 건 알겠는데, 투자할 회사는 어떻게 찾지?'라는 생각 말이다. 여기서 참고할 만한 사이트 2곳을 소개하겠다.

## 벤처확인종합관리시스템

'모든 벤처기업이 한곳에 잘 정리되어 있는 곳 없나?'라고 생각해 볼 수 있다. 그 생각이 구현되어 있는 곳이 바로 벤처확인종합관리시스템이다. 이곳은 우리나라의 모든 벤처기업을 조회해 볼 수 있는 곳이다. 벤처투자 소득공제는 벤처기업에 투자하면 되니 이곳에서 조회되는 회사 중 아무 곳에나 투자해도 벤처투자 소득

공제를 받을 수 있다는 것이다. 그러나 문제는 어렵게 찾은 벤처기업이 우리의 투자를 반가워하지 않을 수 있다는 것이다. 기업이 벤처기업으로 인증을 받는 목적은 회사마다 다르겠지만 보통은 투자유치보다 취·등록세 및 법인세 절감 등의 혜택을 목적으로 하는 경우가 많다. 투자 즉, 타인의 자본을 유치하는 데에는 전혀 관심 없는 곳들도 많이 있다. 그러니 위의 사이트에서 벤처기업을 찾았다 한들 그 회사에 투자희망 의사를 밝히며 연락을 해도 그다지 반갑게 맞이하지 않을 수도, 혹은 이상한 사람 취급을 당할 수도 있는 것이다. 즉, 현실성이 없는 것이다. 그래서 두 번째 사이트를 소개한다. 앞서 언급했던 벤처투자종합포털이다.

## 벤처투자종합포털

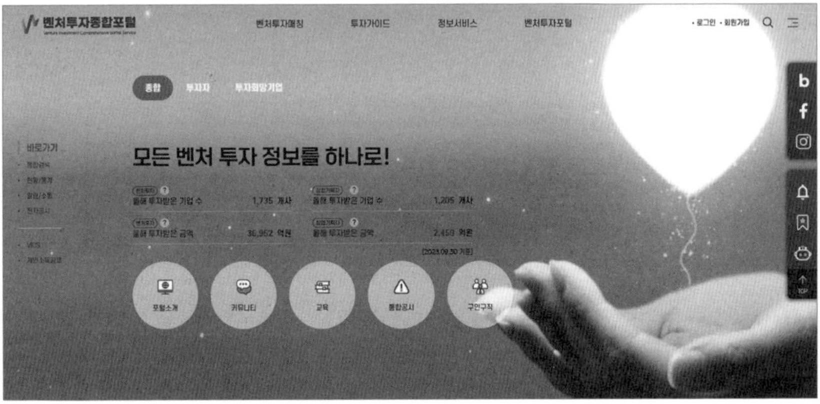


여기에는 벤처기업이면서 투자를 희망하는 기업들의 목록을 확인할 수 있다. 바로 우리가 찾던 기업들인 것이다. 그러나 아쉽게도 이 또한 우리가 활용하기에는 현실성이 떨어질 수 있다. 왜냐하면 여기에 있는 곳 대부분은 우리 같은 개인들에게 1,000만 원, 3,000만 원 투자받는 것이 아닌 기관에게(큰손이라 생각하면 된다) 큰 돈을 투자받기를 원한다. 그러니 아무리 투자유치를 희망하는 기업이라 하더라도 우리 같은 소매 손님은 그다지 반기지 않는 것이다. 입장 바꿔 생각해 봐도 소득공제 받을 목적으로 1,500만 원 투자할 사람이 회사의 여러 가지 정보공개를 요구하며 꼬치꼬치 캐묻는다면 반가워할 리 없다. 사과장수가 한 트럭씩의 규모로 사고파는 도매상을 하고 있는데 "검은 봉지에 가장 잘 익은 사과 3알만 담아주세요." 하는 것과 마찬가지인 격이다. 잘못된 행동은 아니지만 반길만한 상황도 아닌 것이 현실이다.

# 투자할 벤처기업 찾는 현실적인 방법

그럼 어떻게 찾으면 될까? 방법은 의외로 간단하다.

첫째는 벤처기업을 운영하고 있는 지인을 찾으면 되는 것이다.

대표적으로 가족이나 친·인척 중에 사업을 하는 사람이 있고 그 사람의 회사가 벤처기업인 경우가 있다. 그럼 가족이 운영하는 회사이니 마음도 편하게 투자할 수 있을 것이다.

둘째는 본인이 운영하는 회사가 벤처기업인 경우 자신의 회사에 투자하면 된다.

상담을 하다 보면 자신이 운영하는 회사가 벤처기업이면서 벤처투자 할 곳을 찾는 경우가 종종 있다. 이는 자신이 운영하는 회사에 투자할 경우 소득공제 혜택이 없다고 생각하기 때문이다. 그러나 벤처투자 소득공제는 특수관계인을 구별하지 않고 소득공제 혜택을 받을 수 있다.

이렇게 특수관계인을 구별하지 않기 때문에 회사를 운영하는 사람 중 자신의 회사를 벤처기업으로 만들어 투자를 하는 경우도 있다. 필자도 직접 운영하는 벤처회사를 통해 벤처투자를 하고 있다.

셋째는 자신이 근무하는 회사가 벤처기업인 경우이다.

앞서 말했듯이 우리나라에는 약 4만 개의 벤처기업이 있다. 즉, 자신이 근무하는 회사가 벤처기업인 경우도 꽤나 많이 있다는 것이다. 실제로 필자의 지인은 벤처기업을 운영하고 있는데 그 회사의 근로자들은 자신들이 근무하는 회사가 벤처기업인지 모를 것이라 한다. 그도 그럴 것이 대표가 근로자에게 벤처기업 인증받았음을 굳이 말할 이유가 없기 때문이다. 또한 근로자 입장에서도 자신이 근무하는 회사가 벤처기업인지는 중요하지 않다. 그러니 모르는 것이 이상하지 않은 상황이다.

넷째는 거래처가 벤처기업인 경우이다.

부모님 때부터 거래해 오던 신뢰관계가 두터운 거래처가 벤처기업인 경우가 있다. 필자의 지인은 자신의 거래처를 통해 벤처투자를 하고 소득공제를 받고 있으며, 오랜 기간 신뢰가 쌓인 거래처인지라 웬만한 가족보다 마음 편하게 투자를 하고 있다.

다섯째는 집에 숟가락 개수까지 알 정도로 가까이 지내는 친구가 벤처기업을 운영하는 경우도 있다. 친구가 사업을 하는 건 알지만 그 사업체가 벤처기업인지는 알 수 없다. 굳이 친구끼리 얘기할 만한 내용은 아닐 수 있기 때문이다. 한번 물어나 보라. 4만 개 벤처 중 하나라면 정말 마음 편하게 투자하고 소득공제를 받을 수 있을 테니 말이다. 실제로 필자의 대학 동기들은 필자가 운영하는 벤처기업에 전환사채로 투자하여 마음 편히 소득공제를 받고 있다.

앞서 이야기한 5가지 방법 또한 현실성이 없을 수도 있다. 각 회사들이 벤처기업이긴 하나 투자를 받지 않으려 할 수도 있고, 서로 간의 입장이 있기 때문에 돈 관계가 얽히는 게 껄끄러울 수도 있고 하니 말이다. 그러나 대안은 될 수 있을 것이다. 벤처투자는 원래 어려운 것이다. 회사의 재무제표 및 산업의 전망 그리고 대표자의 마인드와 능력 등을 골고루 평가하여 성장할 회사를 찾아내는 것이기 때문이다. 즉, 흙 속의 진주를 찾는 일이다. 전문가도 어려운 영역일 수 있는 만큼 비전문가 입장에서는 더욱 어려운 일이 아닐 수 없다. 그렇다고 포기하기에는 너무나 큰 절세혜택이 있다. 만일 당신이 벤처투자에 비전문가이면서 절세혜택을 위해 투자할 만한 벤처기업을 찾는다면 위의 5가지 방법이 대안이 될 수는 있으니 자신의 상황에 부합되는 것이 있는지 차분히 생각해 보기 바란다.

# 손해 볼 확률 있어도 벤처투자 하는 이유

앞서 본 바와 같이 벤처투자는 소득공제라는 달콤한 열매와 원금 전체를 찾지 못할 수도 있는 큰 위험성이 공존하고 있다. 그럼에도 불구하고 벤처투자를 하는 사람들은 어떤 이유에서 하는 것일까? 이유는 간단하다. 손해 볼 부분은 감내할 정도가 되고 잘됐을 경우 얻는 게 확실히 매력적이기 때문이다. 사례 속으로 들어가 보자.

여기 과세표준 1.8억 원인 고소득 씨가 있다. 고소득 씨는 별다른 행위를 하지 않으면 38%라는 굉장히 높은 세율을 적용받게 된다. 과세표준 1.8억 원이면 납부할 세금은 5,330만 원이다. 여기서 3,000만 원을 벤처투자 하여 소득공제 받는다면 과세표준은 1.5억 원으로 줄어들고 납부할 세금은 4,076만 원이 된다. 즉, 1.5억 원을 초과한 3,000만 원에 대해 납부하는 세금만 1,254만 원이다.

자 그럼 정리해 보자. 고소득 씨는 절세를 위해 별다른 노력을 하지 않으면 1.5억 원을 초과하는 3,000만 원에 대해 1,254만 원의 세금을 납부해야 한다. 즉, 1,254만 원이 내 주머니에서 나가는 것이니 재테크 관점으로 보면 손실인 것이고 세금으로 나가는 것이니 피할 수 없는 확정적인 손실이라고 볼 수 있다. 그 얘기는 달리 말하면 3,000만 원 벤처투자로 소득공제 3,000만 원을 받으면 1,254만 원의 세금부담이 줄어드는 것이니 확정적으로 1,254만 원이 이익이 되는 것이다.

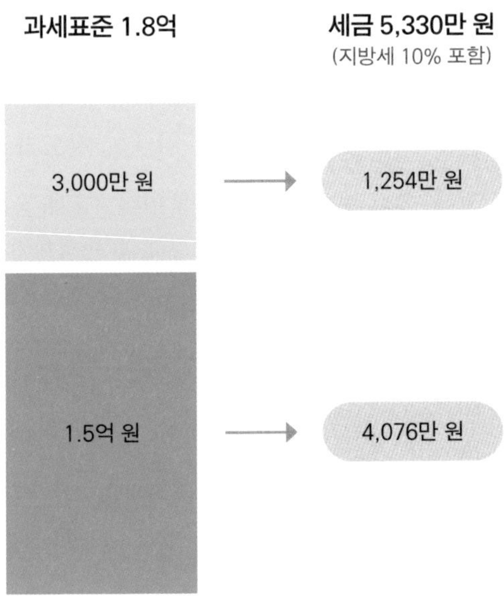

고소득 씨는 아무것도 안 하면 1,254만 원 확정적 손해, 벤처투자 하면 1,254만 원 확정적 이익이 되는 것이다. 여기서 중요한 것은 벤처투자를 통해 확정적인 이익은 봤지만 원금이 돌아오지 않으면 그 이상의 손해가 생긴다는 것이다. 그래도 고소득 씨는 벤처투자를 한다. 이유가 뭘까? 고소득 씨에게 질문해 봤다. "절세혜택보다 더 큰 손해가 날 수도 있는데도 불구하고 벤처투자 하는 이유는 뭔가요?" 고소득 씨는 대답한다. "그 손해라는 것이 가만히 있으면 1,254만 원이고, 원금 다 잃어도 1,746만 원이니 큰 차이를 보이지 않고, 잘되면 대박이거든요." 엥? 이게 무슨 말인가? 원금을 다 잃으면 3,000만 원인데 1,746만 원 손해라니. 이건 어디서 나온 숫자일까?

정리하면 이렇다. 1,254만 원은 세금이니 확정적으로 나가야 하는 손해이다. 그러나 벤처투자를 하면 3,000만 원이 내 주머니에서 나가고, 세금환급으로 1,254만 원이 다시 들어온다. 즉, 3,000만 원 내놓고 1,254만 원 돌려받으니 그 차액인 1,746만 원이 투자원금이 되는 것이다. 만일 3,000만 원을 다 잃어도 이미 1,254만 원은 세금환급으로 고소득 씨의 주머니에 들어갔으니 말이다.

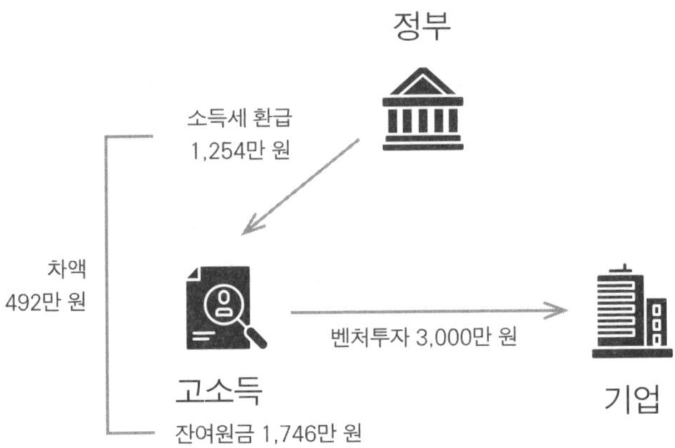


벤처투자 했을 때 손해 볼 수 있는 금액은 1,746만 원이고, 아무것도 안 하고 있을 때 세금으로 손해 보는 건 1,254만 원이다. 그 차이는 492만 원이고, 이는 3,000만 원 대비 16.4%에 해당한다. 벤처투자는 3년인 것을 감안하면 3년간 손실이 16.4%이니 연 환산으로 생각하면 5.46%인 것이다. 즉, 고소득 씨는 연 5.4%의 손실을 볼 수 있지만 투자한 벤처기업이 잘되면 3,000만 원이 10배, 100배가 될 수도 있기 때문에 투자하는 것이다. 또는 주식이 아닌 전환사채로 투자하여 3년간 16.4% 이상의 이자를 받을 수 있다면 손해 보는 부분은 없어지는 것이다.

정리하자면 연 5.4%의 비용으로 10배도 100배도 될 수 있는 투자를 하는 개념이 되는 것이다. 사실 이런 개념이 확 와닿지는 않는다. 그러나 생각해 보면 틀린 말도 아닌 것이다. 어차피 고소득 씨는 손실을 피할 수 없다. 세금으로 손실 보든 투자 실패로 손실 보든 이왕 손해 볼 거 연 5.4% 더 손해 봐도 고소득 씨는 인생에 큰 데미지는 없다고 생각하는 것이다. 참 공감하기 어렵지만 그에게는 사실이 그렇다. 과세표준금액이 1.8억 원이면 최소 연봉 2억 이상은 될 것이고, 그런 그에게 3,000만 원의 연 5.46%는 연 163.8만 원, 월로 계산하면 13.65만 원인데, 이 돈이 그의 인생을 좀먹진 않을 것이다. 그러나 반대로 투자가 잘될 경우에는 비교할 수 없는 값어치가 생기는 것이다. 그래서 남들이 보기에는 위험천만한 투자도 서슴없이 진행하는 것이다. 그러면서 자신이 투자한 벤처기업의 상황을 재미지게 지켜보는 것이다. 이런 투자가 옳다 그르다를 논하려고 하는 건 아니다. 다만, 적용세율이 높은 고소득자에겐 충분히 가능한 일이며, 실제로 그렇게 하고 있는 사실인 것이다.

2025
직장인
연말정산
공략집

7

# 연봉 6,000만 원 인데 소득세 0원 나온다?

자 여기까지 오느라 수고 많았다. 낯선 개념과 새로운 지식을 받아들이는 일은 누구에게나 고된 일이다. 그러나 그 고된 일을 즐겁게 할 동기가 있어 편안하게 이곳까지 왔기를 바란다. 우리는 나세금 씨와 함께 원천징수영수증을 보며 항목별로 알아봤다. 이제 가장 궁금했던 것. 바로 나세금 씨의 동기인 나환급 씨의 면세자 노하우이다. 어떻게 그는 세금을 내지 않는 면세자가 된 것일까? 자 지금부터 나환급 씨의 소득공제 및 세액공제 항목을 낱낱이 파헤쳐 보도록 하자!!

나환급 씨의 총급여는 6,000만 원이다. 여기서 근로소득공제 12,750,000원을 빼면 근로소득금액은 47,250,000원이 된다. 여기까지는 특별한 노력을 하지 않아도 자동으로 공제되는 부분이다. 이제부터 나환급 씨가 어떤 소득공제와 세액공제를 적용받았는지

확인해 보자.

## | 나환급 씨 근로소득세 연말정산 계산

| 총소득 | − | 근로소득공제 | = | 근로소득금액 |
|---|---|---|---|---|
| 60,000,000원 | | 12,750,000원 | | 47,250,000원 |

| 근로소득금액 | − | 소득공제금액 | = | 과세표준금액 |
|---|---|---|---|---|
| 47,250,000원 | | 33,277,320원 | | 13,972,680원 |

| 과세표준금액 | × | 소득세율 | = | 산출세액 |
|---|---|---|---|---|
| 13,972,680원 | | 6% | | 838,360원 |

| 산출세액 | − | 세액공제 | = | 결정세액 | 기납부세액 | 소득세환급 |
|---|---|---|---|---|---|---|
| 838,360원 | | 838,360원 | | 0원 | 2,799,000원 | 2,799,000원 |

# 나환급 씨의 소득공제 항목

인적공제로 본인, 배우자, 부양가족(자녀) 1명당 150만 원씩 총 450만 원의 공제를 받는다. 4대 보험료 중 국민연금보험료, 건강보험료, 고용보험료로 납부한 5,152,320원 전액이 공제된다. 여기에 벤처투자로 23,625,000원을 투자하여 투자금의 100%인 23,625,000원을 공제받게 된다. 나환급 씨는 벤처투자로 공제받을 수 있는 한도가 근로소득금액의 50%라는 것을 알고 있었기 때문에 근로소득금액 47,250,000원의 50%인 23,625,000원을 투자하였고, 벤처투자는 3,000만 원까지 100% 소득공제가 되기 때문에 투자금액 전체를 공제받을 수 있었던 것이다. 간혹 벤처투자 소득공제 한도가 소득의 50%인 것은 알지만 그 소득을 근로소득금액이 아닌 총급여로 착각하는 경우가 있는데 나환급 씨는 명확히 알고 있었던 것이다. 이렇게 인적공제와 소득공제를 통해 총 33,277,320원이라는 큰 금액을 소득공제 받을 수 있었다(벤처투자

소득공제는 소득공제 종합한도 2,500만 원 한도를 적용받지 않음).

근로소득금액 47,250,000원에서 33,277,320원을 소득공제 하고 나니 과세표준금액은 13,625,000으로 줄어들게 되었다. 근로소득만 공제했을 때는 적용세율이 15%였는데, 소득공제를 적용하여 과세표준금액이 줄어드니 적용세율도 6%로 줄어들게 되었다. 그럼 산출세액은 13,625,000원의 6%인 838,360원이 된다. 이제부터 세액공제를 적용하면 된다.

# 나환급 씨의 세액공제 항목

첫 번째 세액공제로 근로소득세액공제를 적용받는다. 앞에서 살펴봤다시피 근로소득세액공제는 산출세액의 55%를 공제해 주는 것이므로 총 461,098원이 세액공제 된다. 거기에 자녀세액공제 150,000원이 공제된다. 나환급 씨는 신입사원임에도 불구하고 어쩜 이렇게도 똑 부러지게 연말정산을 잘하나 싶었는데 역시 이유가 있었다. 나세금 씨와 나환급 씨는 입사 동기이긴 하지만 나환급 씨는 가정을 꾸린 가장이었고, 직장생활 경험이 있었던 것이다. 역시 가장의 책임감과 사회생활의 경험은 지혜를 만들어 주는 것 같다. 가족이 있는 만큼 나환급 씨는 상해 및 질병으로 올 수 있는 위험에 대비하고자 보장성보험을 가입했고 연간 납입금액이 100만 원을 초과했다. 사적으로 가입하여 납입한 보험료는 100만 원 한도로 12%의 세액공제를 받을 수 있어 12만 원의 세액공제를 받게 되었다. 그리고 연금저축계좌에 연간 400만 원을 납입하여 107,262원을 세액공제 받았다. 어? 이상하다. 원래 나환급 씨처럼 총급여 5,500만 원을 초과하는 사람은 납입금액의 12%를 공제받을 수 있으니 480,000원을 공제받아야 하는 거 아닌가? 맞다. 480,000원 공제받아야 한다. 그러나 나환급 씨는 107,262원밖에 공제받지 못했다. 이유는 이미 나환급 씨는 소득공제와 기타 세액공제들로 인해 납부할 세금이 107,262원밖에 남지 않았다. 그래서 더 이상 세액공제 받을 게 남아 있지 않았다. 그럼 좀 억울하다고 생각할 수도 있지만 꼭 그렇지만은 않다. 세액공제 받지 않은 연금 납부 금액은 추후 중도 인출 등 연금 이외의 형태로 수령하더라도 세제혜택을 받은 게 없기 때문에 추징당할 일도 없는 것이다. 또한 나환급 씨는 연금으로 납입한 금액의 일부만이 세액공제 받을 수 있음을 알고 있었지만 세액공제 받을 수 있는 금액에 맞추지 않고 연간 400만 원을 납부했다. 이는 자신의 돈 관리를 절세의 관점으로만 본 것이 아니라 전체적인 재무관리의 측면으로 본 것이다. 연금은 어차피 노후에 필요한 것이기 때문에 세제혜택이 적어지더라도 꾸준히 준비하기로 했던 것이다.

# 나환급 씨의 연말정산 결과

앞서 나환급 씨의 산출세액은 838,360원이 나왔는데 여기에서 세액공제를 적용하면 결정세액은 0원이 나온다. 그러나 나환급 씨는 급여를 받으면서 원천징수 한 세액이 2,799,000원이다. 연말정산은 간이세액표에 따라 원천징수 한 기납부세액과 해당 과세연도에 적용되는 소득공제와 세액공제 등을 통해 산출된 결정세액을 비교하여 결정세액이 많으면 추가징수를, 기납부세액이 많으면 환급을 받는 것이다. 나환급 씨의 결정세액은 0원이고 기납부세액은 2,799,000원이니 기납부세액 전체를 돌려받게 된 것이다.

나세금 씨는 이제 모든 궁금증이 해결되었다. 처음 급여를 받았을 때 실수령액이 생각보다 적어 놀랐던 자신의 모습이 귀여워진다. 그리고 나환급 씨가 어떻게 면세자가 되었는지도 모두 이해했다. 단 한 번의 연말정산 경험으로 이 모든 걸 이해한 것은 정말 대단한 것이다. 보통 수년간 직장생활 하며 몇 번의 연말정산을 경험하더라도 연말정산의 구조를 모르고, 환급 나오면 좋고, 추가납부하면 돈 아깝고 정도로 여기는 경우가 많이 있으니 말이다. 이 책을 보는 분들 중 사회초년생이 있다면 연말정산의 개념을 제대로 이해할 수 있었기를 바란다.

# 사회초년생 연말정산 설계

나세금 씨는 이제 내년 연말정산을 위해 지금부터 준비하기 시작했다. 가장 먼저 한 일은 주거래 은행을 통해 주택청약종합저축을 가입한 것이다. 이는 소득공제 혜택도 있지만 아파트를 분양받기 위해 꼭 필요한 상품이고, 오랜 기간 납입할수록 가점이 높아져 당첨확률이 높아지기 때문이다.

그다음으로는 연금계좌를 개설한 것이다. 이는 나환급 씨의 말처럼 절세혜택도 중요하지만 노후준비는 한 살이라도 젊었을 때부터 하는 것이 좋기 때문이다. 연금계좌를 개설하다 보니 납입한 금액을 어떤 상품으로 운용할지도 선택해야 했고, 공부할 게 하나둘이 아니라는 것을 알게 되었다. 이렇게 점점 재테크와 가까워지는 거구나 싶고, 선배들이 재테크에 대해 잘 아는 게 이해가 되기 시작했다.

그리고 대학생 때 부모님이 자신을 피보험자로 하는 보장성보험을 가입해 주었고 지금까지 납부해 주고 계셨다. 나세금 씨는 계약자를 본인으로 변경하고 스스로 보험료를 납부하기 시작했다. 이는 보험료세액공제도 있지만, 이제 나세금 씨 본인도 성인이니 자신을 위해 지출되는 비용은 자신이 해결한다는 어른스러움이 생겼다. 이에 그의 부모님은 내심 뿌듯한 마음을 느낀다.

또한 소득공제의 꽃이라 불리는 벤처투자에 대해 심도 있게 공부하기 시작했다. 아무리 소득공제 혜택이 크다고 하더라도 투자는 신중해야 하기 때문이다. 큰 금액이 들어가는 만큼 유상증자 및 전환사채에 대해 그리고 벤처투자 시장에 대해 공부하기 시작했다. 똑똑한 나세금 씨는 가족들 중 벤처인증을 받은 기업이 있는지부터 알아보기 시작한다. 벤처투자 소득공제는 가족의 회사에 투자해도 똑같은 혜택을 받을 수 있다는 것을 알게 된 것이다. 또한 가족이 운영하는 벤처인증기업에 투자하는 것만큼 마음 편한 투자도 없기 때문이다. 이와 함께 또 하나의 유니콘기업이 될만한 회사를 찾는 노력도 게을리하지 않는다. 공부하여 아는 만큼 누릴 게 많아진다는 것을 알고 있는 나세금 씨이기 때문이다.

마지막으로 신용카드 사용이다. 나세금 씨는 총급여의 25% 이상 사용한 금액에 대해서 300만 원 한도로 소득공제 해주는 신용카드공제에 대해서는 관심을 갖지 않기로 했다. 이유는 지출을 통한 절세보다 절약을 선택한 것이다. 단, 어차피 지출은 해야 하니 자기만의 룰을 정했다. 1~9월까진 신용카드를 사용하고, 10~12월까진 체크카드를 사용하기로 결정했다. 신용카드와 체크카드 사용은 장단점이 있다. 신용카드는 공제율이 15%로 낮지만 신용도 상승에 긍정적인 영향을 준다. 체크카드의 공제율은 30%로 높은 반면 신용도에 그 어떤 영향도 주지 않는다. 따라서 총급여의 25%를 사용할 때까진(1~9월은 임의로 잡은 것. 실제 사용금액 확인하여 신용카드 → 체크카드로 주사용 카드 변경) 신용카드를 사용하고, 그 이후부터는 공제율이 높은 체크카드를 사용하여, 신용도와 공제율이라는 두 마리 토끼를 적절히 잡기로 한 것이다.

첫 급여 날 실수령액에 놀랐던 우리의 나세금 씨가 다음 연말정산 때 어떤 모습이 되어 있을지 기대가 된다. 나세금 씨 파이팅. 경제활동을 하는 나와 당신을 포함한 모든 사람들 파이팅.

2025
직장인
연말정산
공략집

# 8

# 신뢰가 필요 없는 셀프벤처투자

# 투자원금 100% 안전한 벤처투자 소득공제 방법

## (연봉 10억 절세비법 노트)

우리는 회사가 원하는 시간에 회사가 원하는 장소로 출근하여 회사가 원하는 일을 수행한다. 그리고 회사가 나를 인정해 줄 수 있도록 최선을 다하여 일한다. 현관문 앞에서 잘 다려진 양복바지를 고사리 같은 손으로 끌어당기며 붙잡고 떨어지지 않는 사랑스러운 아이를 뿌리친다. 무엇이 우리를 이렇게 매정한(?) 부모로 만드는가? 무엇이 아침마다 가족과의 생이별(?)을 자처하도록 만드는 것일까? 저마다 여러 가지 이유가 있겠지만 모두에게 공통된 이유는 단 하나. 적절한 보상. 바로 돈이다. 우리는 돈을 벌기 위해 일을 한다. 열심히 일하여 돈을 많이 벌수록 원하는 삶에 조금은 더 가까워질 수 있다는 믿음이 있고, 돈을 많이 벌수록 자본주의사회에서 가족들이 누릴 수 있는 자유의 범위가 넓어진다고 믿는다. 열심히 일한 대가로 해가 넘어가며 연봉이 차근차근 올라가고 우리 가족의 선택권과 자유가 확대됨을 느낀다. 전세살이에서 자가로, 소형차에서 중대형 승용차로 물리적 여건 또한 변한다. 이렇게 우리는 점진적 소득 상승에 동기부여 받는 존재이다. 그리고 그 동기부여는 우리로 하여금 매정한(?) 모습을 보이게 한다. 그러나 어느 순간 연봉이 올라가도 온전히 기쁘지만은 않고 나도 모르게 투덜이가 되는 순간이 자연스럽게 온다. 바로 높은 세율을 적용받는 구간에 접어드는 시점이다. 대한민국은 누진세율을 적용하고 있다. 누진세율이란 쉽게 말해 많이 벌수록 더 많은 세금을 부담하게 된다는 것이다.

앞서 우리는 나환급, 나세금 씨의 사례를 살펴봤었다. 이제부터는 나소득 씨의 사례를 통해 소득이 높아질수록 투덜이가 되는 이유를 살펴보고자 한다.

나소득 씨는 직장 10년 차로 연봉 1억 원에 과세표준금액으로는 8,800만 원이고 적용세율은 24%이다. 나소득 씨는 그 누구보다 성실했고 회사에서 눈에 띄는 성과를 내고 있었다. 일을 열심히 하고 성과를 내는 만큼 승진을 하고 보너스를 받았다. 어느덧 연봉은 1.8억 원이 되었고, 과세표준금액은 1억 5,000만 원이 되었다. 일할 맛 났다. 열심히 일한 만큼 보상받는 행복한 순간이다. 그러나 그 즐거움도 잠시 나소득 씨는 우리가 예상한 것처럼 본인도 모르게 투덜이가 되었다. 적용세율이 올랐기 때문이다. 우리나라 세법에서는 8,800만 원을 초과하는 소득에 대해서 35%의 세율을 적용한다.

| 과세표준 | 세율 | 누진공제 |
|---|---|---|
| 14,000,000원 이하 | 6% | - |
| 14,000,000원 초과 50,000,000원 이하 | 15% | 1,260,000원 |
| 50,000,000원 초과 88,000,000원 이하 | 24% | 5,760,000원 |
| 88,000,000원 초과 150,000,000원 이하 | 35% | 15,440,000원 |
| 150,000,000원 초과 300,000,000원 이하 | 38% | 19,940,000원 |
| 300,000,000원 초과 500,000,000원 이하 | 40% | 25,940,000원 |
| 500,000,000원 초과 1,000,000,000원 이하 | 42% | 35,940,000원 |
| 1,000,000,000원 초과 | 45% | 65,940,000원 |

즉, 기존에는 과세표준 8,800만 원에 24%를 적용받아 1,536만 원의(8,800만 원×24%-누진공제 576만 원) 세금을 부담했었는데 이제는 과세표준 1억 5,000만 원에 35%의 세율을 적용받아 3,706만 원(1억 5,000만 원×35%-누진공제 1,544만 원)을 부담하게 되었다. 과세표준은 8,800만 원 → 1억 5,000만 원으로 약 70% 상승했는데 세금은 1,536만 원에서 3,706만 원으로 약 140%가 상승했다. 연봉이 올라갈수록 세금이 많아진다는 것을 여실히 느끼기 시작했다. 나소득 씨는 과세표준 8,800만 원에서 1억 5,000만 원으로 6,200만 원의 소득 상승이 됐는데 상승분의 35%인 2,170만 원을 세금으로 부담하게 된 것이다. 즉, 올라간 소득의 약 1/3을 세금으로 내게 된 것이다. 그래도 우리의 나소득 씨는 긍정적인지라 적게 벌고 적게 내는 것보다는 세금을 많이 내더라도 결국 내 주머니에 남는 게 늘어난 것은 맞으니 많이 벌고 많이 내는 것에 약간의 뿌듯함을 느끼며 스스로 만족하려 애쓴다. 그런데 나소득 씨는 몰랐

다. 누진세의 고통은 이제 시작이라는 것을.

나소득 씨는 평사원으로 시작해 임원이 되는 업적을 이루는 쾌거를 달성했다. 드디어 꿈에서도 상상 못 했던 6억이라는 연봉을 받게 되었다. 과세표준으로는 5억 6,000만 원의 소득이었다(총소득 6억 원-근로소득공제 2,000만-각종 소득공제 2,000만 원 가정). 과세표준이 1억 5,000만 원에서 5억 6,000만 원으로 껑충 뛰어올랐다. 나소득 씨는 날뛸 듯 기뻤지만 그 기쁜 마음은 잠시 뒤로하고 세금을 계산해 봤다. 분명 세금 폭탄일 것은 기정사실이기에 차분히 책상에 앉아 세금계산을 해본다. 과세표준 5억 6,000만 원이면 적용세율은 42%이고 세금 부담 금액은 1억 9,926만 원이다. 나소득 씨가 기존의 과세표준 1억 5,000만 원에서 5억 6,000만 원으로 4억 1,000만 원 인상되면서 추가로 부담하게 된 세금만 무려 1억 6,220만 원이다. 여기에 지방세 10%를 감안하면 총 세부담 증가는 1억 7,842만 원이다. 연봉 기준으로 1.8억에서 6억으로 늘어나면서 추가 부담한 세금만 1억 7,842만 원이니 인상된 연봉 4.2억 원의 42%에 해당된다. 흠… 그래도 소득이 올랐으니 좋긴 하다만… 그래도 이건 좀 너무하지 않나 싶은 생각이 든다. 그래도 어쩌겠는가? 납세의 의무를 다해야 하는 국민으로서는 어찌할 도리가 없다.

이런 와중에 나소득 씨는 회사에서 받았던 스톡옵션을 행사했다. 현재 주가 10만 원인 주식을 5만 원에 살 수 있는 권리가 있었고, 그 수량은 1만 주였다. 10만 원짜리 주식을 5만 원에 1만 주 사게 되면 굉장한 이득을 보는 것이다. 5억 원으로 10억 원어치 주식을 사는 것이니 말이다. 나소득 씨는 몰랐다. 이렇게 이득을 보게 되는 것만큼 근로소득을 받은 것으로 간주되어 소득세가 발생한다는 것을. 나소득 씨의 연봉 6억 원에 스톡옵션 행사를 하며 얻게 된 이익 5억 원이 더해져 총소득이 11억 원이 되었다. 자 이쯤 되면 우리는 짐작된다. 세금으로 절반이 날라가겠구나… 11억 원의 세금은 4억 1,106만 원(과세표준 10억 6,000만 원×적용세율 45%-누진공제 6,594만 원)이나 된다. 문제는 스톡옵션 행사로 총소득이 높게 잡혔지만 돈으로 받은 게 아니라 주식으로 보유하는 중이라 현금이 없다는 점이다. 주식을 매도하여 세금 납부 재원을 마련하면 되긴 하겠으나 잘나가는 회사의 더 오를 것 같은 주식을 매도하여 세금을 납부한다는 것은 그리 간단한 일은 아니다.

이것이 필자가 만난 초고소득자들의 고민이었다. 열심히 일하고 회사에서 인정받아 원하던 자리에 갔고, 소득도 올랐는데 그와 함께 세금도 함께 오르는 것이다. 물론 세금을 납부하더라도 주머니에 남는 돈은 이전보다 더욱 많아졌다. 그렇다고 하여 기분이 썩 좋지는 않다. 누군가는 있는 사람이 더한다더니…라며 비난할 수도 있을 것이다. 많이 벌면 좀 더 내면 어때? 그래도 남는 게 많잖아? 누구는 당장 먹고 죽을 돈도 없는데 행복한 소리하고 있네라며 말이다. 그러나 우리도 나소득 씨와 같은 입장이 되면 같은 생각을 할 확률이 매우 높다. 이쯤 되면 나소득 씨는 소득세를 줄일 수 있는 방법을 찾게 된다. 자본주의사회에서 세금을 줄이기 위한 노력은 모든 곳에서 일어난다. 법인은 법인세를, 주택 처분 관련해서는 양도세를 줄이기 위해 노력하는 게 당연한 것이다. 이런 노력을 통해 세금 부담을 줄이는 것을 우리는 절세라고 한다. 소득세도 절세하기 위해 노력하는 것은 당연하다. 그러나 안타깝게도 아무리 고소득자라도 직장인은 직장인이고, 직장인 지갑은 유리지갑이다. 도저히 피할 길이 없다. 그래서 고소득자일수록 벤처투자 소득공제를 알아보게 되는 것이다. 결국 소득공제를 많이 받아야 유의미한 절세를 할 수 있는데 소득공제를 가장 많이 받을 수 있는 방법이 벤처투자 소득공제이기 때문이다. 그러나 연봉 11억 원에 소득세 약 4억 원을 부담해야 하는 상황에서 벤처투자 몇천만 원대는 그렇게 유의미한 결과를 맞이할 수 없다. 적어도 억 단위의 벤처투자가 진행되어야 한다. 예를 들면 이 정도는 해야 의미가 있을 것이다.

나소득 씨의 과세표준금액은 10억 6,000만 원에서 3억 3,000만 원 소득공제를 받으면 세금은 2억 7,066만 원으로 기존 4억 1,106만 원에서 1억 4,040만 원 줄어드는 효과가 있다. 억 단위의 소득세를 줄일 수 있다는 것은 실로 어마어마한 일이다. 다행이기도 하다. 유리지갑이 어도 벤처투자를 활용하여 억 단위의 세금을 절세할 수 있으니 말이다. 여기서 궁금해진다. 3억 3,000만 원의 소득공제를 받기 위해서는 얼마의 벤처투자를 진행해야 할까? 10억 원이다.

**벤처투자 규모에 따른 소득공제 비율**

| 투자금액 | 소득공제 비율 | 공제한도 |
|---|---|---|
| 3,000만원 이하 | 100% | 종합소득금액의 50% |
| 3,000만원~5,000만원 | 70% | |
| 5,000만원 초과 | 30% | |

**벤처투자 규모에 따른 소득공제 금액**

| 투자금액 | 소득공제 |
|---|---|
| 3,000만원 | 3,000만원 |
| 5,000만원 | 4,400만원 |
| 1억원 | 5,900만원 |
| 10억원 | 3억2,900만원 |

바로 드는 생각은 1.4억 절세하자고 10억을 벤처투자 한다고? 말도 안 되지…라고 생각될 것이다. 벤처투자는 말 그대로 투자이기 때문에 원금 회수의 불안감이 있다. 1.4억 절세하고 투자금 10억 원에 문제가 생기면 배보다 배꼽이 더 큰 격이 된다. 이는 지극히 상식적인 생각이고 상식적이니 그냥 많은 세금을 부담하는 결정을 하는 사람이 대부분이다. 그러나 놀랍게도 꽤나 많은 사람들

이 이런 말도 안 되는 투자를 진행하고 있다. 그들이 10억 단위의 벤처투자를 감행할 수 있는 이유가 있다. 연봉 10억 이상 될 정도의 사람이 어리숙하게 투자할 확률은 매우 적지 않겠는가? 본인의 지식 및 인적 네트워크를 통해 충분히 검토하고 진행하게 된다. 그들이 선택한 방법은 타인의 회사에 투자하는 벤처투자가 아니라 바로 셀프벤처투자이다. 셀프벤처투자는 안정성이 100% 확보되기 때문에 자금 여력만 된다면 10억이 아니라 그 이상도 가능하다. 아마 지금쯤 말도 안 된다는 표정으로 이 지면을 보고 있을 것 같다. 인간은 본인이 경험한 것 안에서 사고하게 되는 한계가 있다. 그래서 우리는 사고의 범위를 확장하고자 강의를 듣고 책을 읽는다. 앞으로 펼쳐질 지면이 당신에게 말도 안 될 것 같은 일이 말이 되는구나라는 생각의 전환을 가져다주기를 희망해 본다. 다음 챕터부터 나소득 씨가 10억 원이라는 어마어마한 금액의 벤처투자를 통해 1.4억 원의 세금을 줄이는 방법을 하나하나 엿보도록 하자.

# 셀프벤처투자란

벤처투자에는 2가지 믿음이 필요하다.

첫째, 내가 투자한 주식을 훗날 내가 산 가격보다 비싼 값으로 되팔 수 있다는 믿음.

둘째, 내가 투자한 전환사채 원금을 만기 시 안전하게 돌려받을 수 있다는 믿음.

이 2가지 믿음 중 하나가 있어야 우리는 투자를 진행할 수 있다. 아무리 소득공제 혜택이 크더라도 투자한 원금의 회수가 불투명하다면 그 누구도 투자를 진행하지 않을 것이다. 투자란 위험과 기대수익 중 기대수익이 더 크다고 여겨질 때 행해지는 경제행위이니 말이다. 우리가 벤처투자 소득공제 제도를 알면서도 투자를 못 하는 이유는 바로 이 2가지 믿음 중 하나도 확실한 게 없기 때문이다. 만일 둘 중 하나의 믿음이 있다면 누구나 벤처투자 소득공제를 통해 절세를 하게 될 것이다. 그러나 2가지 믿음을 확보하기란

여간 어려운 일이 아닐 수 없다. 그래서 벤처투자 소득공제 제도가 좋은 건 알지만 그림의 떡처럼 여겨지는 것이다. 그러나 앞서 우리는 나소득 씨가 벤처투자 10억 원을 한다는 이야기를 나눴다. 나소득 씨에게는 어떤 믿음이 있어서 10억이라는 큰 금액으로 벤처투자를 하는 것일까? 나소득 씨가 10억 원을 투자할 수 있는 이유는 바로 셀프벤처투자이기 때문이다.

벤처투자에서 믿음이 필요한 이유는 타인이 소유하고 운영하는 회사에 투자해야 하기 때문이다. 즉, 내가 관여하고 내가 개입하여 무언가 결정 또는 관리할 수 없는 상황 즉, 타인의 의사결정에 내 돈을 맡기는 것이다. 그렇기 때문에 우리는 그 회사 또는 그 회사를 운영하는 사람에 대한 믿음이 필요한 것이다. 그런데 만일 원금 회수의 가능성이 타인의 의사결정이 아닌 투자자 본인 즉, 나의 의사결정으로 인해 결정되어 진다면 얘기는 달라질 것이다. 나의 의사결정으로 투자원금 회수가 결정될 수 있다면 한결 마음 편하게 투자에 대한 의사결정을 할 수 있을 것이다. 내가 투자한 돈이 어떻게 사용되고 있는지, 이를테면 3년 후 이 법인의 현금흐름은 어떻게 될 것인지, 회수 가능성은 어떻게 되는지와 같은 정보들 그리고 그 내용을 직접 만들어 갈 수 있다면 이제부터는 믿음의 영역이 아닌 관리의 영역이 되는 것이다. 이렇게 타인의 의사결정이 아닌 나의 의사결정으로 인해 투자금 회수 여부가 결정된다는 것은 쉽게 말해 내 회사에 내가 투자하는 것이다. 실제로 필자는 직접 소유하고 운영하는 회사 즉, 필자의 회사에 필자가 투자하여 소득공제를 받고 있다. 얼마나 마음이 편하겠는가. 조금 과장해 말하면 오른쪽 주머니에 있는 돈 왼쪽 주머니로 옮기고 소득공제를 받는 것이나 마찬가지이다.

엥? 그게 무슨 말인가? 내 회사에 내가 투자하여 소득공제 적용을 받는다고? 난 회사가 없는데… 내가 무슨 내 회사에 투자를 하지…라는 의문이 들 것이다. 그것은 아주 자연스러운 반응이다. 세상에 많은 법인대표님들은 본인 법인에 본인이 투자하며 소득공제를 받고 있다. 그들 또한 이 글을 보고 있는 사람과 마찬가지로 처음부터 벤처기업을 소유했던 사람들이 아니다. 누구나 태어나면서부터 운전면허를 갖고 태어나진 않지만 필요에 따라 운전면허를 딴다. 마찬가지로, 많은 사람들은 이미 필요에 따라 본인 소유의 법인을 운영하며 셀프벤처투자를 하고 있다. 이는 누구나 할 수 있는 방법이다. 앞서 이런 말을 한 적이 있다. 인간은 자신의 경험 내에서 사고하게 된다고 말이다. 이 책을 통해 얻게 되는 간접경험으로 당신이 이렇게 말할 수 있기를 기대해 본다. “나도 벤처기업 만들어서 셀프벤처투자 해야지”라고 말이다. 셀프벤처투자를 알아보다 보면 벤처투자를 위한 질문이 바뀐다. 어디 믿을만한 회사 없나?에서 어떤 업종으로 벤처기업 만들어야 할까?라고 말이다. 믿음을 찾는 질문에서 실질적 솔루션에 대한 질문으로 바뀌는 것이다. 믿음에는 답이 없을 수 있지만, 솔루션에는 명쾌한 답이 있다. 지금부터 그 답을 찾아 떠나보자.

셀프벤처투자는 앞서 언급한 바와 같이, 내 회사에 내가 투자하여 소득공제 적용을 받는 것이다. 그럼 일단 가장 먼저 할 일은 벤처투자를 받을 수 있는 법인을 설립하는 것이다. 그리고 그 법인에 벤처기업 확인이라는 옷을 입히는 것이다. 이게 전부이다. 내 법인을 만든다, 만들어진 내 법인을 벤처기업으로 확인받는다. 이로써 우리는 벤처기업을 소유, 운영하게 되는 것이고, 내 회사에 투자하여 소득공제를 마음 편히 받으면 되는 것이다. 법인을 만들 땐 정해진 절차대로 하면 되기 때문에 어려운 점이 없다. 법무사 사무실에 방문하거나, 인터넷을 보고 셀프로도 얼마든지 법인설립은 가능하다. 단, 필자는 비용이 들더라도 법무사를 통해 법인설립 하기를 권유한다. 법인은 설립만 하면 끝나는 게 아니고 꾸준히 관리해야 하는데 관련 경험 및 지식이 부족한 상태에서는 애를 먹기 마련이다. 이를테면, 셀프벤처투자를 위해 내 법인에 투자를 하려고 할 때 전화사채든 주식이든 투자계약서 양식이 필요한데 그 양식을 준비하는 것부터도 시간과 에너지가 꽤나 들어가는 일이다. 법인설립 할 때 관계를 잘 맺어둔 법무사가 있다면 투자계약서 양식 제공뿐 아니라 나에게 맞는 맞춤형 계약서를 적은 비용으로 만들어 주기도 하니 참고하기 바란다. 이렇게 법인을 설립하고 나면 그 다음은 벤처기업 확인을 받으면 된다. 벤처기업 확인받는 유형은 혁신성장유형, 연구개발유형, 예비벤처유형, 벤처투자유형으로 총 4가지 방법이 있다. 이 중 가장 합리적인 방법으로 벤처기업 확인을 진행하면 된다.

이 중 셀프벤처투자에 적합한 방식은 벤처투자유형이다. 혁신성장유형, 연구개발유형, 예비벤처유형은 1인 법인 형태에서는 다소 무리가 있다. 물적 요건 및 인적 요건이 갖추어져야 한다. 반면에 벤처투자유형은 물적, 물적, 인적 요건을 요구하지 않기 때문에 1인 법인 형태로도 얼마든지 가능하다. 벤처투자유형이란, 법인이 나라에서 정해놓은 적격투자기관으로부터 일정 금액 이상의 투자를 받으면 벤처기업으로 확인받을 수 있는 제도이고, 투자받아야 하는 금액은 자본금의 10% 이상 또는 5,000만 원 중 큰 금액이다. 따라서 최소 5,000만 원 이상만 투자를 받으면 벤처기업 확인이 가능하다는 것이다.

**적격투자기관** 적격투자기관 상세조회 >

- **중소기업창업투자회사, 한국벤처투자, 벤처투자조합, 농식품투자조합*, 신기술사업금융업자, 신기술사업투자조합, 창업기획자 (엑셀러레이터)*, 개인투자조합, 전문개인투자자(전문엔젤), 크라우드펀딩*, 한국산업은행, 중소기업은행, 일반은행, 기술보증기금*, 신용보증기금*, 신기술창업전문회사*, 공공연구기관첨단기술지주회사*, 산학협력기술지주회사*, 기관전용 사모집합투자기구, 「벤처기업확인요령」 제3조제3항에 명시된 외국투자회사, 중소벤처기업진흥공단****

  ※ *표시 기관은 법 시행일('21.2.12)이후 투자유치 건(입금일 기준)에 한하여 인정

  ※ **표시 기관은 법 시행일('23.7.4)이후 투자유치 건(입금일 기준)에 한하여 인정

  ※ 크라우드펀딩(온라인소액투자중개업)의 경우 벤처기업법 시행령 제2조의3에 의거, 지분증권(우선주,보통주) 투자만 인정 함

여기서 드는 생각은, '누가 내 법인에 5,000만 원을 투자해 주나?', '투자만 받으면 된다고? 근데 누가 내 법인에 5,000만 원이나 투자 해?'이다. 투자를 통해 수익을 추구하는 적격기관들이 내가 만든 1인 법인에 뭘 보고 투자하겠냐는 말이다. 우리는 소득공제 목적으로 내 회사에 부담 없이 투자할 수 있지만 제3자가 보기엔 내 법인 또한 불확실성으로 가득한 보통의 법인일 뿐이다. 우리가 셀프벤처투자를 진행하는 이유를 생각해 보면 2가지 믿음이 없기 때문이다. 남들 또한 그런 관점으로 우리 법인을 본다면 우리 법인이 투자를 유치하는 것은 상당히 어려운 일임이 당연한 것이다. 우리도 어딘가에 투자한다면 어떻게 회수할지 고민하듯이 그들 또한 그럴 것이고, 특히 적격투자기관인 투자 전문 집단인 만큼 더욱 꼼꼼하게 회수 방안에 대해 고민할 것이다. 그러니 제3자에게 5,000만 원 이상 투자받는 것은 그만큼 어려운 일이 아닐 수 없다. 그러니 투자를 받는다는 건 우리 법인에 특별한 무언가 있지 않고서는 불가능에 가깝다. 그러나 다행히도 적격투자기관 중 개인투자조합이 있다. 우리 법인이 벤처기업 확인을 받기 위해서는 5,000만

원 이상 투자를 받아야 하는데 그 적격기관중 개인투자조합이 있는 것이다. 개인투자조합은 우리와 같은 일반 개인들이 투자를 하기 위해 만드는 조합이다. 즉, 뒷장에서 자세히 언급하겠지만 개인투자조합은 2명만 모여도 조합으로서 인정받을 수 있고 설립 요건 또한 까다롭지 않다. 개인신용에 큰 문제가 없고, 일상적인 사회생활을 할 정도라면 얼마든지 조합을 만들어서 운영할 수 있다. 쉽게 말해 마음만 먹으면 누구나 개인투자조합을 설립할 수 있다는 것이다. 그 말인즉슨, 우리가 셀프벤처투자를 하기 위해 법인을 만들었듯이, 법인에 벤처기업 확인이라는 옷을 입히기 위해서 개인투자조합을 직접 만들면 된다는 것이다. 우리 법인이 벤처기업 확인을 받기 위해서는 개인투자조합으로부터 투자를 받으면 되는데, 그 개인투자조합을 운영하는 주최가 투자받는 법인의 대표자 또는 주주여도 상관없다(뒷장에서 자세히 얘기하겠지만, 조합원 전원의 동의가 있으면 특수관계인의 법인에 투자 가능하다). 정리하자면 셀프벤처투자를 하기 위해서 법인을 만들고 개인투자조합을 만들어서 내가 만든 조합이 내가 만든 법인에 투자하는 것이다. 그럼 법인이 투자를 유치하는 것도 가능해지고, 법인이 벤처기업 확인받음에 있어 가장 어렵고도 중요한 요건을 충족하게 된다.

자 이제 점점 그림이 그려지고 있을 것이다. 다음 장부터는 법인과 개인투자조합을 만들고, 벤처기업 확인받는 구체적인 절차와 방법에 대해 이야기해 보자.

# 법인 만드는 방법

앞서 이야기했듯이 법인설립은 셀프로도 얼마든지 가능하겠지만 이왕이면 전문가인 법무사의 조력을 받기를 권한다. 법인을 만들고 운영/관리해 나간다는 것은 "사람 하나 키우는 일이다"라고도 한다. 법인은 말 그대로 법으로 만들어진 사람이지 않은가. 자녀를 출산해 본 부모는 안다. 사람 하나 키우는 것이 얼마나 어렵고 무서운 일인지. 필자의 경우도 첫 아이가 태어나기 전부터 부모로서의 역할을 잘하기 위해 공부를 많이 했었다. 그러나 막상 태어나서 조리원을 거치고 집으로 들어오니 공부한 것과는 차원이 달랐다. 몇 날 며칠을 아이와 함께 울었는지 모른다. 그러다 산후도우미님이 오시고 나서야 가정의 평화가 왔다. 경험 많은 사람이 곁에서 조언을 주고 시범을 보이고 하는 과정에서 심리적 안정감과 함께 여유가 생겼으며 그로 인해 아이를 잘 케어할 수 있게 되었다. 법인도 마찬가지로 어떤 일을 맞닥뜨렸을 때 그 일에 경험이 많은 사람이 옆에서 조언을 주고 도와주는 것이 법인 운영 관리에 매우 큰 도움이 된다고 필자는 생각한다.

법무사를 만나면 어떤 목적으로 법인을 설립하려고 하는지, 주주 및 임원 구성원은 어떻게 할 것인지, 자본금은 얼마로 할 것인지, 사업장 소재지는 어디로 할 것인지 등등에 대한 정보를 파악한다. 그리고 그 과정에서 법인설립에서 중요한 이슈들을 미리 알려주고 추후 등기 변경 등으로 인한 불필요한 비용이 발생하지 않도록 안내해 준다. 본 지면에서는 법무사를 통해 법인을 설립할 것이라 가정하고 법인설립에는 어떤 절차들이 있는지 정도만 가볍게 살펴보고 넘어가자.

## 법인설립 절차

### ● 1. 상호 정하기

부모님이 우리의 이름을 지어주었듯이 앞으로 키워나갈 법인의 이름을 정해야 한다. 주의할 점은 같은 지역에 동일한 상호가 있다면 법인설립등기가 불가하니 사전에 본점 소재지 관할 등기소에서 검색해 보는 것이 필요하다. 물론 법무사를 대동하여 법인을 설립할 경우 법무사가 이런 절차를 대행한다.

## ● 2. 본점 소재지 결정하기

우리에게 주소가 있듯 법인도 주소가 필요하다. 법인의 주소지라 해서 꼭 상업용 건물을 사무실로 임대차계약을 할 필요는 없다. 본점 소재지는 말 그대로 법인의 주소이지 우리가 인식하는 사무실 같은 물적 공간이 아니다. 물론 업종에 따라 물적 요건이 필요한 경우도 있지만, 셀프벤처투자를 위해 법인을 설립하는 것이라면 업종을 선택할 때부터 물적 요건이 필요 없는 업종으로 선택하면 된다. 물적 요건이 없는 업종이라면 비상주 공유오피스 및 거주 중인 자택도 법인소재지로 인정받을 수 있다. 뒷장에서는 물적 요건이 요구되지 않는 그리고 누구나 법인의 사업목적에 맞게 운영할 수 있는 업종을 추천하니 참고하기 바란다.

## ● 3. 사업목적 정하기

자연인(인간)은 우리의 목적에 의해 태어났다기보다는 부모님의 사랑(?)으로 태어났다. 그러나 법인이 태어날 때(설립)는 태어나는 목적을 정해야 한다. 사업목적이란 향후 우리가 만드는 법인이 어떤 일을 할 것인지에 대해 정하는 것이라고 보면 된다. 당장에는 안 하지만 추후 할 수도 있는 일을 모두 사업목적에 넣어두는 것이 좋다. 예를 들어, 서비스업을 한다고 할 때 제조업도 같이 사업목적에 넣어두는 것이다. 서비스업을 하다가 제조업을 하게 될 수도 있는데 사업목적에 제조업이 안 들어가 있으면 사업목적을 추가하는 등기를 새로이 해야 하고 이때 번거로움과 비용이 발생할 수 있기 때문이다. 그러니 법인설립등기 할 때 이왕이면 여러 가지를 미리 넣어두는 것이 좋다.

### ● 4. 자본금 정하기

법인은 돈을 벌기 위해 만들어지지만 돈을 벌기 위해서는 미리 쓰여야 하는 비용들이 있다. 초기엔 그 돈이 없으니 법인을 만드는 사람이 돈을 미리 넣는다. 이것을 우리는 자본금이라고 한다. 자본금은 100원도 가능하다. 그러나 현실적으론 법인설립과 관련된 비용이 발생하기 때문에 적어도 100만 원 이상으로 설정하고 설립하는 것이 일반적이다. 업종에 따라서는 필수적으로 자본금 규모를 맞춰야 하는 경우도 있다. 이를테면, 대부업은 자본금 3억 원의 기준이 있다. 우리의 법인설립 목적은 셀프벤처투자이기 때문에 자본금 요건이 가벼운 업종으로 선택하면 된다.

### ● 5. 잔고증명서 준비하기

법인이 자본금이 있다는 것을 증빙해야 하는데, 법인설립등기가 나오기 전에는 법인은 계좌가 없고 잔고도 증빙할 수 없는 상태이다. 그래서 이때는 주주 즉, 셀프벤처투자의 경우 대표자의 개인명의 계좌의 잔고를 증명하면 된다. 잔고증명서를 출력하며 당일은 입출금이 제한되니 자금 계획에 참고하기 바란다.

### ● 6. 주주 및 임원 정하기

주주는 법인의 주인이다. 주주는 법인의 지분을 가지고 있는 사람이다. 지분을 갖기 위해서는 자본금을 법인에 넣어야 한다. 돈을 많이 넣는 사람의 지분율이 올라가고 법인의 실질적 소유주가 되는 것이다. 만일 부부가 함께 법인을 설립하면서 남편 40만 원, 아내 60만 원의 자본금을 납입했다면 지분율은 남편 40%, 아내 60%가 되는 것이다. 지분은 법인의 의사결정에 있어 실질적 경영권을 갖는 것이기 때문에 상당히 중요한 부분이다. 다만, 1인 법인으로서 셀프벤처투자를 하는 경우라면 주주를 따로 구성할 필요는 없고 본인 혼자 100% 지분을 갖고 있어도 된다. 주주가 다수가 아닌 1인으로도 얼마든지 법인설립이 가능하다.

### ● 7. 법인설립등기 하기

법인설립등기에 필요한 서류 준비를 마치면 법인소재지 관할 등기소에서 법인등기를 진행한다. 이는 셀프로도 가능하고 당연히 법무사를 통해서도 가능한 영역이다.

### ● 8. 세무사사무실과 기장 계약

법인설립등기가 완료되면 세무사와 기장 계약을 한다. 물론 법인의 세금신고 및 관리 또한 셀프로 할 수도 있지만 필자는 법무사와 마찬가지로 세무사와 협업하기를 권유한다. 이유는 법인을 운영 관리하다 보면 세무에 대한 지식이 필요한데 관련 업종 경험 및 공부를 많이 한 사람이 아니고서는 그 세무지식을 파악하고 따라가는 데에 많은 시간과 에너지가 들어간다. 차라리 적절한 비용을 지불하고 그 모든 번잡스러운 업무를 세무사에게 맡기는 게 낫다고 생각하는 편이다.

### ● 9. 사업자등록 하기

법인설립등기가 완료되면 세무서를 방문하여 사업자등록을 한다. 법인설립등기가 완료됐다는 것은 자연인(인간)으로 치면 사람이 태어난 것이다. 이제 이 사람이 앞으로 할 직업을 선택해야 한다. 사업자등록은 법인의 직업을 정하는 것이라고 보면 된다. 보통은 사업목적을 정할 때 어떤 업종으로 사업자등록을 할지도 같이 정해지게 된다.

사업자등록은 보통 기장 계약을 한 세무사사무실에서 진행해준다. 만일 셀프로 진행하는 상황이라면 한 가지만은 미리 알고 가자. 사업자등록을 할 때 법인이 법인소재지를 사용할 권리가 있음을 증빙해야 한다. 이때 필요한 것이 임대차계약서이다. 처음 사업자등록을 할 때 종종 발생하는 실수는, 임대차계약서만 준비하는 것이다. 만일 임차한 자택을 법인소재지로 활용한다면 임대인의 동의서가 필요하다. 또한 법인소재지가 자택이라면 거주 중인 주택의 등기부등본을 준비하면 된다.

## ● 10. 법인계좌 개설

법인설립등기와 사업자등록이 완료되면 드디어 마지막 단계이다. 은행에 가서 법인 명의의 계좌를 개설하는 것이다. 처음 법인계좌 개설을 하러 은행에 방문하면 당황하게 된다. 이유는 '한도계좌'라는 것으로 계좌가 개설되기 때문이다. 한도계좌란 출금 시 금액이 제한되는 계좌이다. 법인계좌에 1,000만 원이 있어도 이체는 하루 30만 원 에 할 수 없다(은행마다 기준 상이). 워낙 보이스피싱 등과 같은 피해가 많이 있다 보니 불특정 다수의 피해를 방지하기 위해 불편함을 감수할 수밖에 없다. 한도계좌는 일정 요건이 갖추어지면 은행에서 한도를 풀어준다. 우리가 새롭게 개설한 계좌가 정상적인 사업에 사용되는 계좌라는 것을 증빙하면 된다. 증빙하는 방법과 필요서류는 은행마다 그 기준이 다르니 계좌 개설 시 확인해 보기 바란다.

# 개인투자조합 만드는 방법

법인설립이 완료되면 해당 법인을 벤처기업으로 확인받아야 한다. 그 방법으로는 벤처투자유형, 연구개발유형, 혁신성장유형, 예비벤처유형이 있는데, 우리가 활용할 방법은 벤처투자유형이다. 앞서 이야기했다시피 벤처투자유형은 적격투자기관으로부터 자본금의 10% or 5,000만 원 중 큰 금액을 투자받으면 된다. 즉, 적격투자기관에 최소 5,000만 원 이상 투자받으면 벤처기업 확인이 가능하다는 것이고, 그 적격기관으로 우리는 개인투자조합을 설립할 것이다. 개인투자조합 설립하는 방법은 안 해본 일을 하는 것이라 낯설 수는 있어도 어려운 일은 아니다. 차근차근 알아가 보자.

개인투자조합 설립에 앞서 우리가 할 일은 개인투자조합을 설립할 수 있는 여건이 되는지에 대한 판단이다. 개인투자조합을 설립하기 위해서는 2가지가 필요하다.

1. 1억 원

2. 조합원 2명(본인 포함 2명)

조합 설립 시 최소 출자금은 1억 원이다. 따라서 조합원이 현금 1억 원을 출자할 수 있는 경우에만 조합 설립이 가능하다. 그리고 조합의 인적 구성은 GP(General Partner)와 LP(Limited Partner)로 구성된다. GP는 업무집행조합원, LP는 유한책인조합원이다. GP는 조합의 일을 맡아서 이끌어 갈 사람이라고 보면 되고 권한과 책임을 지는 사람이다. LP는 조합원으로서 출자 후 투자결과를 공유받는 사람이다. 쉽게 말해, GP는 모임의 회장 또는 총무 같은 역할이고 LP는 회원 역할이라고 이해하면 될 것 같다.

이렇게 출자금 1억 원과 조합원 2명이라는 조건이 가능하다면 우리는 개인투자조합을 만들 수 여건이 되는 것이다. 개인투자조합 설립 절차를 진행하기 전에 가장 먼저 할 일은 GP가 될 수 있는 자격요건을 갖추는 것이다. GP가 되고자 하는 자가 개인인 경우만 정리해 보면(셀프벤처투자는 개인이 할 테니 개인의 요건을 확인해 보자) 4가지 요건 중 하나 이상 해당되면 된다.

1. 전문개인투자자

2. 5년 이상 GP경력을 보유한 사람

3. 벤처투자회사 등에서 2년 이상 투자심사 업무를 수행한 경력

이 있는 사람

4. 중소벤처기업부장관이 정하는 GP 양성 교육과정을 이수한 사람

이 중 우리가 눈여겨볼 항목은 4번이다. 투자와 관련된 별다른 경력이 없는 일반인도 GP 양성 교육만 이수하면 GP의 자격요건을 갖출 수 있다. 교육을 받는 곳은 '엔젤투자자 교육센터'라는 사이트로 들어가면 된다.

이곳에서 개인투자조합 업무집행조합원(GP) 양성 교육과정을 이수하면 된다. 교육 후에는 시험을 통과해야 하는데 교육만 잘 들으면 시험은 그리 어렵지 않게 통과할 수 있다. 다만, 온라인 교육이라고 틀어놓고 제대로 보지 않으면 시험을 통과하기 어려우니 교육영상을 제대로 시청하기를 권한다. 만일 시험에서 3회 이상 불합격 시 16시간의 교육을 다시 들어야 하는 번거로움이 생기니 참고하기 바란다. GP 양성 교육을 수료하고 나면 아래와 같은 수료증이 발급된다. 그럼 GP자격을 갖춘 것이니 이제부터 절차에 따라 개인투자조합 설립을 진행하면 된다.

개인투자조합 설립은 '엔젤투자지원센터' 사이트에서 진행하면 되고, 사이트에 들어가서 '개인투자조합' 탭으로 들어가면 된다.

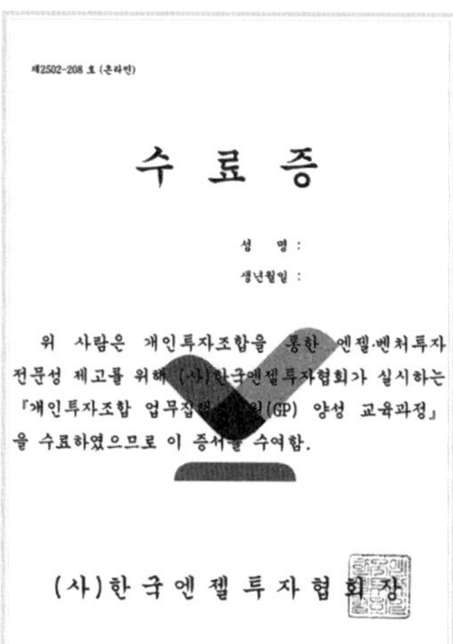

'개인투자조합'으로 들어가면 아래와 같은 화면이 나오는데 조합을 설립하기 전 기본적으로 알아두어야 할 내용들과 관련 규정들이 잘 정리되어 있으니 한 번쯤은 꼼꼼히 읽어보기를 권한다.

우리의 개인투자조합 설립 업무는 VICS라는 프로그램에서 진행된다. 프로그램 설치방법은 엔젤투자지원센터 → 개인투자조합 → 개인투자조합 안내. 여기서 마우스를 아래로 스크롤하면 신청 절차 안내 페이지에 설치링크가 공유되어 있고, VICS에 대한 자세한 이용 방법도 나와 있다. VICS 설치가 완료되면 아래의 이미지처럼 메인 화면에서 좌측 상단의 개인투자조합 신청 탭을 들어간다.

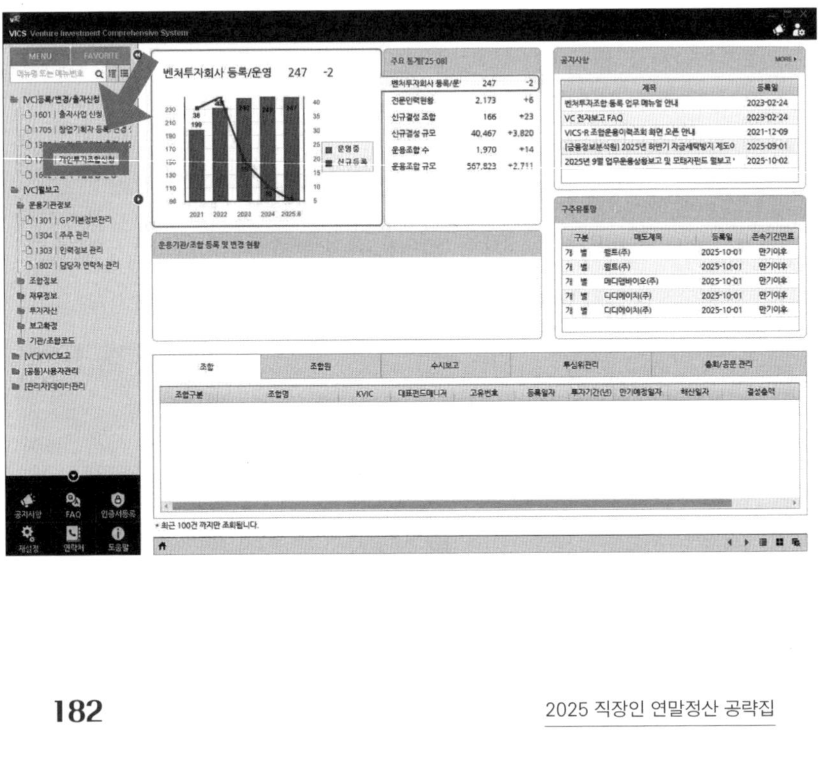

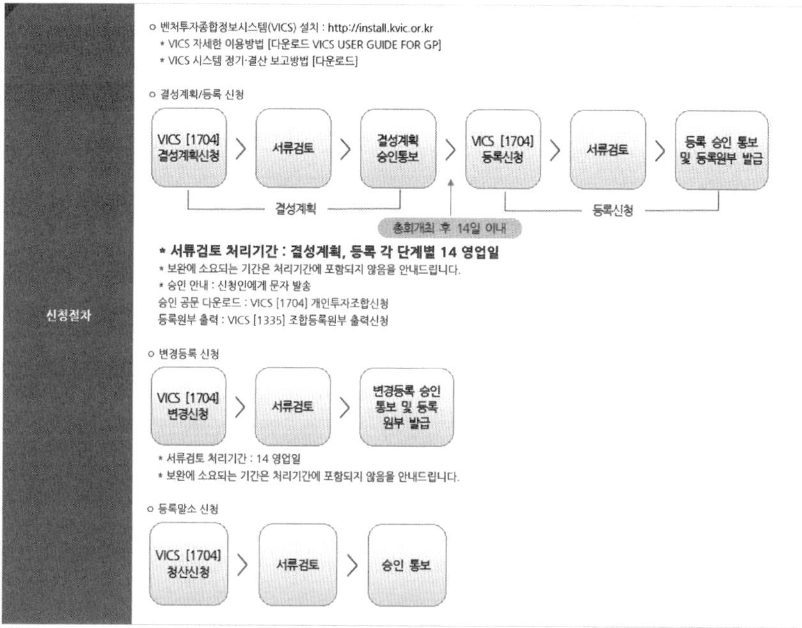
신청절차

o 벤처투자종합정보시스템(VICS) 설치 : http://install.kvic.or.kr
* VICS 자세한 이용방법 [다운로드 VICS USER GUIDE FOR GP]
* VICS 시스템 정기·결산 보고방법 [다운로드]

o 결성계획/등록 신청

VICS [1704] 결성계획신청 > 서류검토 > 결성계획 승인통보 > VICS [1704] 등록신청 > 서류검토 > 등록 승인 통보 및 등록원부 발급

결성계획
총회개최 후 14일 이내
등록신청

*** 서류검토 처리기간 : 결성계획, 등록 각 단계별 14 영업일**
* 보완에 소요되는 기간은 처리기간에 포함되지 않음을 안내드립니다.
* 승인 안내 : 신청인에게 문자 발송
승인 공문 다운로드 : VICS [1704] 개인투자조합신청
등록원부 출력 : VICS [1335] 조합등록원부 출력신청

o 변경등록 신청

VICS [1704] 변경신청 > 서류검토 > 변경등록 승인 통보 및 등록 원부 발급

* 서류검토 처리기간 : 14 영업일
* 보완에 소요되는 기간은 처리기간에 포함되지 않음을 안내드립니다.

o 등록말소 신청

VICS [1704] 청산신청 > 서류검토 > 승인 통보

개인투자조합신청으로 들어가면 다음과 같은 이미지가 나오는데, 여기에서 우측 상단의 결성계획신청에 들어가서 작성하면 된다.

입력란에 설립할 조합의 조함명 및 조합결성금액 등 간단한 내용들을 입력하고 첨부파일을 업로드하여 저장하면 된다.

첨부파일은 엔젤투자지원센터 → 개인투자조합 → 개인투자조합 안내. 여기서 마우스를 아래로 스크롤하면 필요서류 안내 페이지가 있는데, 이곳에서 양식파일을 다운로드받아 작성 후 첨부하면 된다.

## 개인투자조합신청 상세

**※ 모펀드 출자조합일 경우 [출자사업선정명]을 반드시 선택하여 주시기 바랍니다.**

**※ 창업기획자와 타 회사 겸영 시에 참고사항**

창업기획자 : 초기창업기업(창업 3년 이내)에 투자의무, LP에 일반법인 출자금총액의 30%이내 가능

그 외 법인 (신창사 등) : 벤처기업 및 창업기업(창업 7년 이내)에 투자의무, LP에 일반법인 출자 불가

| | | | |
|---|---|---|---|
| 제출일자 | | GP자격대구분 | |
| 모펀드출자여부 | ☐ 모펀드 출자조합일 경우 선택 | GP자격구분 | |
| 출자사업선정명 | | | |
| 조합명 | | 중복확인 | |
| 조합구분 | 개인투자조합 | 신청구분 | 결성계획신청 |
| 소재지 | | | |
| 담당지방청 | 경기지방중기청 | | |
| 모펀드결성금액 | | 조합결성금액 | |
| 신청사유 | | | |

※ 결성계획 신청 시 제외(등록/변경/청산(해산) 신청 시 입력)

**신청서 정보**

| | | | |
|---|---|---|---|
| 납세고유번호 | ___-__-_____ | 존속기간 | |
| 조합원수 | | | |

**업무집행조합원 정보** ☐ 공동Gp여부 행추가 행삭제

| 운용기관명 | 주소 | 전화번호 | 대표GP |
|---|---|---|---|

**첨부파일** 파일추가 파일삭제 다운로드

| NO ☐ | 파일유형 | 파일명 | 파일크기 |
|---|---|---|---|

닫기

| 신청시 유의사항 | 결성계획서 작성 시 유의사항 [다운로드]<br>등록서류 작성 시 유의사항 [다운로드] |
|---|---|

필요서류

| 결성계획 | 등록신청 | 변경신청 | 청산신청 |
|---|---|---|---|

*전자서명 진행 시 [등록서류 작성시 유의사항] 자료(p.6) 참조('23.12.15 내용 수정되었으니 반드시 확인 바랍니다.)

| 구분 | 제출 필요서류 | 양식파일 |
|---|---|---|
| 결성계획 | 1. 결성계획서<br>* 고유번호증 발급 절차상 조합명 첫 글자는 한글 필수<br>* 조합명은 OO조합, OO개인투자조합, OO투자조합 명칭 포함<br>* 결성계획서, 규약 제2조, VICS시스템 조합명 모두 일치시켜서 제출 | [다운로드 별지 제1호] |
| | 2. 규약(안)<br>* 규약에 대한 조합원동의서는 결성계획 신청시 제출 불필요(등록 신청시 제출) | [다운로드 별지 제7호] |
| | 3. 업무집행조합원의 개인(신용)정보 수집·이용·제공 동의서 | [다운로드 별지 제5호 GP용] |
| | 4. 개인 업무집행조합원의 전문성 보유 요건 충족 확인서 | [다운로드 별지 제13호] |
| | 5. 개인 GP 관련 서류(해당 시)<br>- 전문개인투자자 : 등록증<br>- 개인투자조합 업무집행조합원 : 등록원부<br>- 투자심사 또는 관련 업무 : 경력증명서<br>*유한회사에 한하여 법인등기부등본 포함하여 제출<br>- 교육이수자 : 교육수료증 | |
| | 6. 법인 GP 관련 서류(해당 시)<br>- 신기술창업전문회사 : 등록증, 정관(창업기획자가 아닌 경우)<br>- 기술지주회사 : 등록증 또는 설립인가서, 정관(창업기획자가 아닌 경우)<br>- 창조경제혁신센터 : 고유번호증<br>- 창업기획자 : 사업자등록증 | |

이렇게 전산 입력과 첨부파일 업로드 후 저장하면 결성계획신청이 완료되고, 서류 검토 처리기간은 14영업일이다. 주말을 포함하면 약 3주 정도 소요된다고 보면 된다. 입력과 제출한 서류에 보완사항이 없으면 승인 결과를 문자로 받게 된다.

결성계획신청 승인 받은 후에는 2가지 일을 처리해야 한다.

1. 고유번호증 발급

2. 조합명의 계좌 개설

고유번호증은 발급에 필요한 서류를 지참하여 세무서에서 발급

받으면 되고, 고유번호증 발급이 완료되면 필요서류를 지참하여 은행에서 계좌 개설을 하면 된다. 이때 주의할 점은 은행마다 계좌 개설에 필요한 서류가 다르다는 것이다. 그러니 방문 전 꼭 필요서류를 확인하기 바란다. 또한 법인계좌와 마찬가지로 한도계좌로 개설될 확률이 높다. 그러니 계좌 개설 시 한도계좌 제한 푸는 방법에 대해 확인하도록 하자. 보통은 조합이 투자하고자 하는 계약서에 날인하여 지점을 방문하면 풀어주는 경우가 많이 있다. 단, 이는 은행마다 그 기준이 다르니 꼭 확인해 보기 바란다.

이렇게 고유번호증과 계좌 개설이 완료되면 다시 VICS로 접속하여 등록신청을 진행하면 된다. 등록신청도 결성계획신청과 마찬가지로 전산 입력과 첨부파일 업로드를 진행하면 되고, 이때에도 첨부파일은 위 이미지의 두 번째 탭 '등록신청'에서 다운로드받아 작성 후 첨부하면 된다.

개인투자조합 설립을 위한 업무처리 중 어려운 것은 없는데 경험이 없는 사람이 진행하기엔 다소 불편하게 느껴질 수 있는 부분이 있다. 그래도 다행인 점은 위 이미지를 보면 결성계획서 작성 시 유의 사항과 등록신청 작성 시 유의 사항에 대한 안내 매뉴얼이 제공되고 있으니 매뉴얼을 보면 찬찬히 진행해 보기 바란다.

중소벤처기업부

경기지방중소벤처기업청

수신 업무집행조합원 귀하
(경유)
제목 개인투자조합 등록 승인 안내( 개인투자조합)

1. 귀하의 무궁한 발전을 기원합니다.

2. 「벤처투자 촉진에 관한 법률」 제12조 및 같은 법 시행령 제6조, 시행규칙 제5조, 「개인투자조합등록 및 투자확인서 발급규정」 에 따라 귀하가 신청한 개인투자조합을 등록하오니, 붙임의 유의사항을 준수하여 조합을 운영하여 주시기 바랍니다.
* 조합 등록원부 : 벤처투자종합정보시스템(VICS)에서 확인 및 출력 가능

붙임 1. 개인투자조합 운영 시 유의사항 1부.
2. 소득공제 시기 변경신청서 1부. 끝.

경기지방중소벤처기업청장

경기지방중소벤처기업청장인

등록신청이 처리되면 위와 같은 승인공문을 메일로 받게 된다. 이때부터 개인투자조합은 투자활동을 본격적으로 시작하면 된다. 우리는 개인투자조합에서 우리가 만든 법인에 투자하여 벤처기업 확인을 받는 것이 목적이다. 자 여기까지 왔다면 9부 능선을 넘었다고 볼 수 있다. 우리가 그간 해온 일을 보면 법인을 설립하고 사업자등록을 하고 개인투자조합을 만들었다. 그다음 할 일은 개인투자조합에서 법인에 투자함으로써 벤처기업 확인을 받는 것이다. 벤처기업 확인 절차는 개인투자조합 설립에 비해 훨씬 간단하다. 다음 장부터는 법인의 벤처기업 확인에 대한 내용을 알아보도록 하자.

# 벤처기업 확인받는 방법

우리의 법인이 벤처기업 확인을 받으려면 적격기관으로부터 투자를 받아야 한다. 우리 법인은 우리가 만든 개인투자조합을 통해 투자를 받을 것이다. 투자는 신주발행 또는 전환사채 발행을 통해 받으면 된다. 이때 주식과 전환사채 중 고민하는 경우가 있을 텐데 필자는 특별한 사유가 없다면 전환사채로 투자하기를 권한다. 이유는 주식으로 투자할 경우 회수할 때 세금 및 주식 가격 변동에 대한 이슈가 생긴다. 물론 내 회사에 내가 투자하는 것이기 때문에 가격 변동 등이 크게 신경 쓰일 바는 아닐 수 있으나 전환사채처럼 딱딱 떨어지는 일 처리가 안 된다. 그러니 굳이 부차적인 일을 하게 되는 주식으로 투자할 이유는 없다고 생각한다.

법인은 전환사채 투자를 받은 후 그 내역을 등기하게 되어 있다. 이런 과정에서 우리 맺어놓은 법무사와의 인연은 큰 도움이 된다.

투자를 받기 위해서는 전환사채 계약서를 만들어야 하는데 보통은 법무사가 샘플을 제공해 준다. 그럼 우리는 이름과 금액 날짜 정도만 변경하여 사용하면 되고, 등기 업무도 법무사가 진행하기 때문에 투자와 관련한 일은 그다지 어려운 것이 없다.

투자를 받고 등기가 완료되면 벤처기업 확인신청을 해야 한다. 확인받는 방법은 개인투자조합을 설립한 것에 비하면 상당히 간단하다. 벤처확인종합관리시스템에 들어가서 로그인 후 절차에 따라 진행하면 된다.

벤처확인종합관리시스템에서 중간에 있는 확인신청에 들어간다. 그럼 다음과 같은 화면이 나오는데 여기서 우리는 벤처투자유형을 선택하면 된다. 벤처투자유형의 경우 총 5단계를 거쳐 벤처기업 확인을 신청하도록 되어 있다. 내용을 보면 그다지 어려운 것은 없다. 그러나 이 또한 처음 진행하다 보면 다소 난감한 경우가 있을 수 있지만 그래도 걱정하지 않아도 된다. 우리는 이미 좋은 관계를 유지하는 세무사와 법무사라는 전문가가 있다. 작성하며 헷갈리는 것은 세무사와 법무사를 통해 모두 확인할 수 있는 내용들이니 차근차근 소통하며 진행하면 된다. 다만, 한 가지 사업계획서 요약은 전문가들도 우리를 도와줄 수 없다. 오롯이 본인 스스로 작성해야 하는 영역이다. 여기서 중요한 건 사업계획은 말 그대로 계획일 뿐이다. 꼭 계획서대로 사업을 진행해야 하는 것은 아니니 너무 무겁게 생각할 필요는 없다. 사업계획서 요약 작성에 어려움을 느낄 사람에게 조언을 하나 하자면, 필자는 그동안 꽤나 많은 벤처기업 확인 사례를 봤는데 사업계획서 요약 작성이 원인이 되어 벤처기업 확인이 안 된 사례는 보지 못했다. 그러니 편안하게 계획을 잘 정리하여 작성하면 된다. 작성 및 첨부파일 업로드가 완료되면 30일 이내에 결과가 나온다.

벤처기업확인기관 벤처확인종합관리시스템 (법인사업자) 28:27 연장 로그아웃 통합로그인 My 벤처

제도 안내 | 확인신청 | 보고·신고 | 공시·통계 | 기관소개 | 고객지원

Home > 확인신청 > 확인신청 > 확인신청

# 벤처투자유형

아래의 ✓ 버튼 클릭 시 선택 단계로 이동됩니다.

신청서 — 요건검증 — 기업정보 — 사업계획서 요약 — 신청첨부파일

## 신청서

### 1.기업정보

| 기업명* | | ※ 사업자등록증의 기업명과 동일하게 입력했나요?<br>(특히 '㈜'와 '주식회사' 표기도 반드시 정확하게 기재) | 확인 |
|---|---|---|---|
| 사업자등록번호 | | | |
| 법인등록번호 | | | |
| 설립일* | 개인 -> 법인 전환 이력 기업 ☐ | ※ 법인등기부등본(개인사업자는 사업자등록증)의 설립일과 동일하게 작성했나요? | 확인 |
| 업종 *한국표준산업분류(KSIC) | | | |
| 주요생산품(서비스) | 교육, 학습 프로그램의 개발 및 공급업, 온라인교육서비스업, 문화행사 기획공연, 디지털콘텐츠 개발 및 뉴미디어사업, 매니저업 및 경영컨설팅, 인문, 사회과학 연구개발업 | | |
| 전화번호* | +82 | | |
| 팩스번호 | '-'을 뺀 숫자만 입력 | | |
| 본사주소* | 우편번호 | 사업자 등록증 주소지와 일치 여부 확인 | 확인 / ◉ 현장실제조사 주소로 지정 |
| 홈페이지 | https://www.smes.or.kr/venturein | | |

* 개인사업자에서 법인사업자로 전환한 기업인 경우
- 1) (개인)사업자등록증, 2) 개인사업자폐업증명원, 3) 포괄양수도계약서, 4) (법인)사업자등록증 총 4부의 서류를 1부의 PDF로 합본하여 [사업자등록증] 제출란에 제출
  (신청일 기준 3년 미만인 기업에 한함)
- 설립일: 개인사업자 **개업연월일**로 입력
- 포괄양수도계약서 제출 불가 시, 개인사업자 및 법인사업자 주업종코드 확인서 제출
- 주업종코드확인서 발급 방법: **[국세청 홈택스]** 로그인 - 우측 상단의 [나의 홈택스] 클릭 - 좌측 [나의 민원] - [사업자등록사항 및 담당자 안내] 클릭 후 나오는 화면을 캡처하여 제출해 주시길 바랍니다.

***본사주소: '벤처기업 확인서'에 표기됨**

## 2.대표자 정보

| 대표자명 | | | |
|---|---|---|---|
| 대표자 생년월일 | | 대표자 성별 | 남자 ◉ 여자 |
| 대표자 휴대번호 | | 대표자 E-mail | |

*대표자가 2인 이상인 경우, 반드시 모든 대표자 정보를 입력해 주세요.
- **벤처투자유형 :** 대표자명 작성 란에 예시와 같이 나란히 입력 (예시: 홍길동, 이순신)
- **연구개발유형, 혁신성장유형 :** 작성란에 대표자 1인의 정보를 먼저 입력 후 [대표자 정보] 절차에서 [대표자 추가] 기능을 통해 나머지 대표자 모두 입력

## 3.담당자 정보

| 담당자명 | | 담당자직급 | |
|---|---|---|---|
| 담당자 전화번호 | 휴대전화 재인증 / 카카오 재인증 | 담당자 E-mail | |

* [재인증] 버튼 클릭 → 변경할 담당자 정보로 본인인증 → 변경완료
** 담당자 정보 변경 시 회원정보도 함께 변경됩니다.

## 4.중소기업여부 확인

| 중소기업현황정보시스템 조회 결과 | 아니요 |
|---|---|

중소기업현황정보시스템(sminfo.mss.go.kr)에서 조회가 되지 않는 기업의 경우, 중소기업확인서를 시스템에서 직접 발급 받아 첨부파일로 제출해 주시기 바랍니다.
* 중소기업확인서는 신청일 기준 유효기간 내 포함이 된 것만 인정 가능

## 5.자본금

| 자본금 (주1) * | 원 (삼백만원) |
|---|---|

(주1) 자본금 : 법인등기부등본상의 자본금의 액

## 6.기업신용정보사 조회 및 자료제출 서비스

| 선택 | 한국평가데이터 |
|---|---|
| 자료제출 | [발급받기] |

※ 벤처투자유형 **발급 가능** 자료: **사업자등록증명, 표준재무제표증명, 부가가치세 신고자료**
자료제출서비스에서 조회되지 않은 자료는 [신청첨부파일] 페이지에서 업로드 가능합니다.

전체 초기화 | 저장 후 다음단계로 이동

# 벤처투자유형

신청서 / 요건검증 / 기업정보 / 사업계획서 요약 / 신청첨부파일

버튼 클릭 시 해당 페이지로 이동 됩니다.

## 요건검증

### 적격투자기관 안내

적격 투자기관이란 「벤처기업육성에 관한 특별법」 제2조의2(벤처기업의 요건)에서 인정하는 벤처투자자 유형입니다.
'적격투자지관조회'는 한국벤처캐피탈협회에서 제공하는 자료이며, **조회되지 않는 적격투자기관이 있을 수 있으니 참고용으로만 활용하시기 바랍니다.**
투자받은 기관의 벤처투자자 유형을 모르실 경우, 해당기관에 문의하시기 바랍니다.

- 중소기업창업투자회사
- 한국벤처투자
- 벤처투자조합
- 농식품투자조합 *
- 신기술사업금융업자
- 신기술사업투자조합
- 창업기획자(엑셀러레이터) *
- 개인투자조합
- 전문개인투자자(전문엔젤)
- 크라우드펀딩 *
- 한국산업은행
- 중소기업은행
- 일반은행
- 기술보증기금 *
- 신용보증기금 *
- 중소벤처기업진흥공단**
- 신기술창업전문회사 *
- 공공연구기관첨단기술지주회사 *
- 산학협력기술지주회사 *
- 기관전용사모집합투자기구
- 「벤처기업확인요령」 제3조제3항에 명시된 외국투자회사

* 표시 기관은 법 시행일('21. 2. 12) 이후 투자유치 건(입금일 기준)에 한하여 인정

**표시 기관은 법 시행일('23.7.4)이후 투자유치 건(입금일 기준)에 한하여 인정

적격 투자기관 조회

항목추가

| No | 투자자유형 * | 투자유형 * | 투자기관명 | 투자유치금액 * (단위 : 원) | 입금일 * | 투자기관 담당자 담당자명 * | 투자기관 담당자 전화번호 * | 투자기관 담당자 E-mail * |
|---|---|---|---|---|---|---|---|---|
| 1 | | 주식회사 주식약 | | 원 | | | | |
| 계 | 0 건 | | | 0 원 | | | | |

납입자본금 대비 투자금액 비율 **0.00** %

* 투자유형은 투자 계약서 나 투자처로 확인하여 선택
** 선택 시 추가서류(투자계약서, 투자금 입금내역, 주주명부) 필수

이전단계 / 전체 초기화 / 저장 후 다음단계로 이동

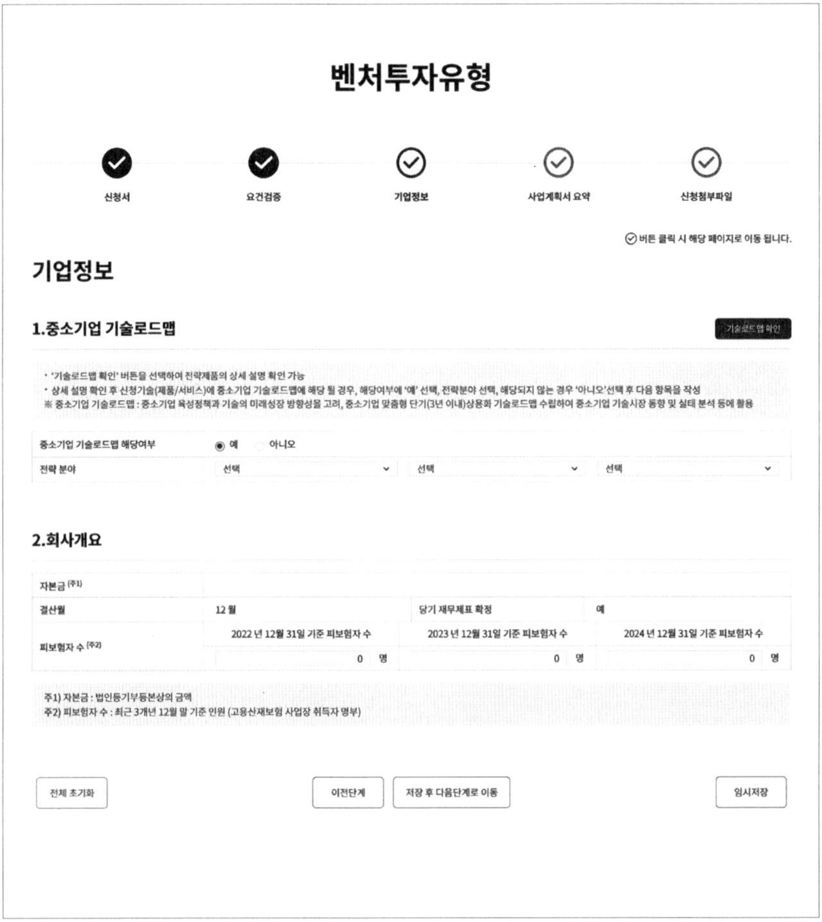

벤처투자유형
신청서
요건검증
기업정보
사업계획서 요약
신청첨부파일
버튼 클릭 시 해당 페이지로 이동 됩니다.
기업정보
1.중소기업 기술로드맵
기술로드맵 확인
· '기술로드맵 확인' 버튼을 선택하여 전략제품의 상세 설명 확인 가능
· 상세 설명 확인 후 신청기술(제품/서비스)에 중소기업 기술로드맵에 해당 될 경우, 해당여부에 '예' 선택, 전략분야 선택, 해당되지 않는 경우 '아니오'선택 후 다음 항목을 작성
※ 중소기업 기술로드맵 : 중소기업 육성정책과 기술의 미래성장 방향성을 고려, 중소기업 맞춤형 단기(3년 이내)상용화 기술로드맵 수립하여 중소기업 기술시장 동향 및 실태 분석 등에 활용
중소기업 기술로드맵 해당여부
예
아니오
전략 분야
선택
선택
선택
2.회사개요
자본금 (주1)
결산월
12 월
당기 재무제표 확정
예
피보험자 수 (주2)
2022 년 12월 31일 기준 피보험자 수
0 명
2023 년 12월 31일 기준 피보험자 수
0 명
2024 년 12월 31일 기준 피보험자 수
0 명
주1) 자본금 : 법인등기부등본상의 금액
주2) 피보험자 수 : 최근 3개년 12월 말 기준 인원 (고용산재보험 사업장 취득자 명부)
전체 초기화
이전단계
저장 후 다음단계로 이동
임시저장

# 벤처투자유형

신청서 | 요건검증 | 기업정보 | 사업계획서 요약 | 신청첨부파일

버튼 클릭 시 해당 페이지로 이동 됩니다.

## 사업계획서 요약

- 신청기술(제품/서비스)명 : ________

- 신청기술(제품/서비스) 요약 : ________

(벤처확인에 신청하고자 하는 기술(제품/서비스)에 대해 기술명과 간략한 소개를 작성해 주시면 됩니다)

V 기존 시장에 ________니즈(문제)가 있는데, ________한 이유로 사람들이 여전히 필요로 하고(불편을 겪고) 있음

V 당사에서 ________한 방식으로 해결책을 찾았으며, 이는 기존시장의 기술(제품, 서비스)과 ________ 차이를 보유하고 있음

V 현재 당사에서 보유 또는 개발중인 기술(제품, 서비스)명은 ________로써, 전체 시장은 ________ 규모이며 이 기술(제품, 서비스)로 잠재고객들의 니즈를 충족시킬 경우 이 시장의 규모는 연평균 ___%의 성장을 기대할 수 있음

V 당사 기술(제품, 서비스)은 ________에 기반하여 ________한 특징을 갖고 있으며 ________한 이유로 기존 문제에 대한 혁신적인 해결책으로, 잠재 고객들의 만족도가 훨씬 높을 수 있음

V 기술(제품, 서비스)에 대한 ________ 등 ___ 건의 지식재산권과 ________ 및 ___명의 연구개발조직을 보유하여 ___건의 기술개발을 완료(수행) 하는 등 끊임없는 연구개발에 노력하고 있으며, 지속발전이 가능한 기술적 역량을 보유하고 있음

V 기술(제품, 서비스)을 통한 시장진입을 위해 ________ 등의 마케팅 활동을 진행중으로 현재 ______ 규모 정도의 시장을 확보하고 있으며, 시장확대를 위해 향후 3년간 ________ 등의 마케팅 계획을 수립하여 진행할 계획

V 당사가 제시하는 이러한 성과가 가능한 이유는 당사에 ________한 역량이 있기 때문이며 이를 더욱 강화하여 향후 ___년간 ________한 ________ 성장을 해낼 것임

- 전체 사업계획서의 요약 자료로써, 양식에 맞게 작성
- 사업계획서 작성될 상세내용과 일치하게 작성하며, 스토리 텔링의 형식을 적용하여 입력 칸에 들어갈 내용에 맞게 작성(양식변경 불가)
- 기술의 개발동기 → 개발방법 → 기술(제품, 서비스)의 시장규모 → 보유 개발 역량 → 마케팅 계획 → 기대 성장효과 순으로 작성
- 사업계획서 요약 양식

전체 초기화 | 이전단계 | 저장 후 다음단계로 이동 | 임시저장

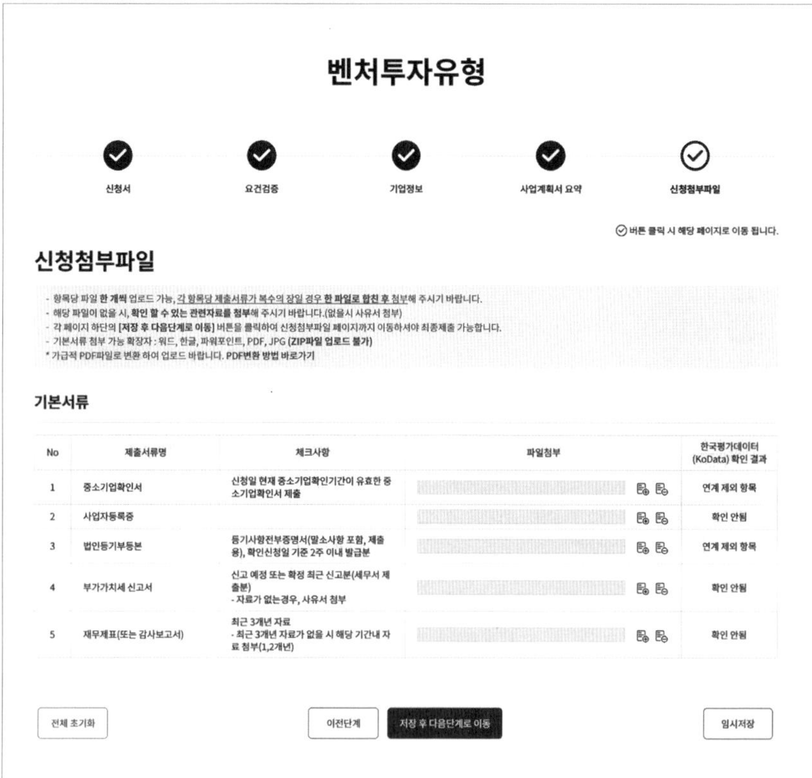

벤처투자유형

신청서 / 요건검증 / 기업정보 / 사업계획서 요약 / 신청첨부파일

버튼 클릭 시 해당 페이지로 이동 됩니다.

신청첨부파일

- 항목당 파일 **한 개씩** 업로드 가능, 각 항목당 제출서류가 복수의 장일 경우 **한 파일로 합친 후** 첨부해 주시기 바랍니다.
- 해당 파일이 없을 시, **확인 할 수 있는 관련자료를 첨부**해 주시기 바랍니다.(없을시 사유서 첨부)
- 각 페이지 하단의 **[저장 후 다음단계로 이동]** 버튼을 클릭하여 신청첨부파일 페이지까지 이동하셔야 최종제출 가능합니다.
- 기본서류 첨부 가능 확장자 : 워드, 한글, 파워포인트, PDF, JPG **(ZIP파일 업로드 불가)**

* 가급적 PDF파일로 변환 하여 업로드 바랍니다. **PDF변환 방법 바로가기**

기본서류

| No | 제출서류명 | 체크사항 | 파일첨부 | 한국평가데이터 (KoData) 확인 결과 |
|---|---|---|---|---|
| 1 | 중소기업확인서 | 신청일 현재 중소기업확인기간이 유효한 중소기업확인서 제출 | | 연계 제외 항목 |
| 2 | 사업자등록증 | | | 확인 안됨 |
| 3 | 법인등기부등본 | 등기사항전부증명서(말소사항 포함, 제출용), 확인신청일 기준 2주 이내 발급분 | | 연계 제외 항목 |
| 4 | 부가가치세 신고서 | 신고 예정 또는 확정 최근 신고분(세무서 제출분)<br>- 자료가 없는경우, 사유서 첨부 | | 확인 안됨 |
| 5 | 재무제표(또는 감사보고서) | 최근 3개년 자료<br>- 최근 3개년 자료가 없을 시 해당 기간내 자료 첨부(1,2개년) | | 확인 안됨 |

전체 초기화 / 이전단계 / 저장 후 다음단계로 이동 / 임시저장

위 내용들을 잘 작성하고 기다리면 GP에게 한국벤처캐피탈협회에서 벤처기업 확인 심의 관련 벤처투자확인 요청 메일이 온다. 작성 후 회신해야 할 양식과 함께 작성 방법 매뉴얼이 같이 오니 작성하여 회신하면 된다. 본 메일을 회신하고 보통 2주 정도 후에 벤처기업 확인 안내를 받을 수 있다. 이로써 우리는 벤처기업을 소유하게 되는 것이다.

자 여기까지 오느라 정말 수고 많았다. 우리는 벤처투자를 하기 위해서는 믿음이 필요하다는 것에 공감하고 있다. 주식으로 투자한다면 훗날 내가 산 가격보다 비싼 값에 되팔 수 있다는 믿음이 필요하고, 전환사채로 투자한다면 사채 만기 시 투자원금을 잘 돌려받을 수 있다는 믿음이 필요하다는 것을 말이다. 그러나 이제 우리는 직접 벤처기업을 소유함으로써 신뢰가 필요 없는 벤처투자를 할 수 있게 되었다. 신뢰가 필요 없기 때문에 1,000만~3,000만 원이 아닌 1억 원, 5억 원, 10억 원도 마음 편히 투자할 수 있는 바구니를 만들었다. 우리는 앞서 나소득 씨의 사례를 봤다. 나소득 씨는 벤처투자 10억 원을 하고 3.3억 원의 소득공제를 적용받아 1.4억 원의 절세를 했다. 나소득 씨가 10억 원이나 되는 큰 금액을 투자할 수 있었던 이유는 바로 셀프벤처투자였기 때문이다. 사실 말이 좋아 투자이지, 오른쪽 주머니에 있는 돈 왼쪽 주머니로 옮긴 것이고 그 과정에서 절세를 하게 된 것이다. 이제 당신도 원하는 만큼 주머니의 돈을 옮기며 절세 혜택을 누릴 수 있는 방법을 갖게 된 것이다.

그러나 여기서 드는 의문이 있다. 법인을 만들어서 벤처기업 확인까지 받았다. 그럼 끝인가? 아니다. 법인은 실체성 있는 경제활동을 통해 이익을 만들어야 한다. 이익까지는 아니어도 법인의 사업목적에 맞는 실체성 있는 운영이 되어야 한다. 그러나 대부분의 우리는 직장인이고 법인을 운영할 시간적 여유가 없다. 그리고 근로계약서상 겸직금지 조항이 있어 이중 취업이 안되는 경우도 비일비재하다. 그럼 결국 벤처기업은 만들었으나 흔히 말하는 페이퍼컴퍼니인 것 아닌가? 이래도 되는 건가?라는 의문이 든다. 맞다. 벤처기업을 만들어 놓고 사업목적에 맞는 활동은 하지 않은 채 마치 절세계좌처럼 벤처기업을 활용하는 것은 문제가 될 수도 있다. 그래서 다음 장에서는 누구나 벤처기업을 실체성 있게 운영할 수 있는 업종과 방법에 대해 안내하도록 하겠다.

# 법인 사업목적에 맞게 운영하는 방법

사람에게 직업이 있듯, 법인에게도 직업이 있다. 이것을 우리는 업종 업태라고 부른다. 셀프벤처투자를 함에 있어 우리는 법인의 직업을 선택하고 법인은 그 직업에 걸맞은 일을 해야 한다. 물론 애초에 법인을 운영하고 있던 사람은 자신의 법인을 벤처기업으로 확인받고 하던 일을 그냥 계속해서 하면 된다. 그러나 직장생활만 하고 있는 사람은 신규로 법인을 설립하고 직업에 맞는 일을 해야 한다. 그러나 셀프벤처투자의 목적은 사업을 영위하는 것이 아닌 재테크에 가까운 목적을 가지고 있다. 그렇다고 법인이 직업에 맞는 일을 안 할 수는 없다. 그렇다고 현실적으로 일을 하기도 어렵다. 즉, 법인이 무엇도 안 하지만 무언가 하는 구조를 만들어야 한다. 그래서 이 부분이 어려운 것이다. 어떻게 해야 할까?라는 고민에 대한 필자의 답은 기타금융투자업을 영위하는 것이다. 기타금융투자업은 간단히 말해 법인이 자기 돈으로 자기가 알아서 투자

하는 것이다. 타인의 돈을 운영하는 것에 영향을 주는 투자자문사나 자산운용사처럼 인허가제가 아닌 신고제이다. 즉, 누구나 특별한 자격이 없어도 등록할 수 있는 업종이다.

기타금융업투자업으로 등록된 법인은 금융투자를 하는 것이 법인의 일이고 직업인 것이다. 즉, 우리가 만든 벤처기업이 금융투자를 하면 실체성 있게 법인이 운용된다는 것이고, 앞서 말한 페이퍼컴퍼니의 형태로 절세계좌 같은 모습이 아니게 되는 것이다.

여기서 이런 의문이 들 수 있다. 주식투자를 원래 하던 사람은 지금쯤 무릎을 탁 칠 것이고, 주식투자와 담쌓고 사는 사람은 "나 보고 주식투자를 하라고? 난 안전하게 절세할 목적으로 셀프벤처투자를 진행하는 건데 주식투자 하다 오히려 손해 보면 어떻게 해?"라고 말할 것이다. 그럼 변동성이 큰 개별 종목 대신 지수를 추종하는 ETF를 매수하는 것은 어떨까? 특히 미국의 주식시장은 꾸준히 우상향해 왔고 앞으로도 장기투자의 관점으로 보면 우하향할 것이라고 점치기 어려우니 말이다. 이미 지수에 장기간 투자하면 안전하다는 것은 누구나 알고 있으니 주식보다는 마음 편하게 법인이 직업대로 일을 할 수 있지 않겠냐는 말이다. 또한 안정적인 투자를 위해 가능하면 ETF도 분산투자 하는 것을 추천한다.

그럼에도 불구하고 ETF 투자는 원금손실의 가능성이 있다. 투자를 하긴 하되 수익은 없어도 되니 원금손실도 없으면 좋겠다는 생각을 갖고 있는 사람도 있을 것이다. 그런 경우라면 인버스투자를 포트폴리오에 추가하면 된다. 인버스는 주가가 떨어지면 이익이 나는 구조로 되어 있는 상품이다. 예를 들어 일반 ETF와 인번스 ETF를 5:5의 비율로 구성한다면 주가가 떨어지는 만큼 인버스에서 수익이 발생하기 때문에 손실이 만회될 것이다. 그러나 반대로 주가가 오르는 경우에는 인버스ETF가 손실이 되기 때문에 수익이 발생하지 않을 것이다. 그러니 자신의 성향에 맞추어 투자전략을 선택하면 될 것이다. 그러나 이왕 새로운 시도와 도전을 하는 것이라면 차근차근 투자를 겸해보는 것도 좋을 것이라 조심스럽게 전하고 싶다. 자본주의사회에서 투자는 선택이 아닌 일상이니 말이다. 어떤 사람은 투자에 안 좋은 기억과 사례가 있어 투자라는 것 자체에 불편함을 느낄 수도 있다. 그렇다면, 앞서 말한 기타금융투자업이 아닌 다른 업종을 통해 법인을 운영하기를 바란다. 다른 업종을 할 것이 없다면 셀프벤처투자를 포기하면 된다. 인생은 선택의 연속이라고 한다. 정확히 말하면 선택과 포기의 연속이다. 무언가 선택하면 반드시 무언가 포기하게 되어 있다. 셀프벤처투자 또한 마찬가지로 절세를 하기 위해 법인을 만들고 조합을 만드는 선택을 한다면 다른 곳에 사용할 수 있는 시간과 에너지를 셀프벤처투자 공부하는 것에 사용해야 하기 때문에 일부 포기해야 한다. 그러니 자신의 상황에 맞추어 충분한 숙고를 통해 의사결정을 하기 바란다. 이 책을 통해 필자가 전달하고자 하는 것은 셀프벤처투자는 좋은 것이니 꼭 해보라는 권유가 아닌, 독자들에게 꽤나 괜찮은 선택지가 하나 있음을 전하고자 하는 것이다.

# 마치며

2007년부터 현재까지 19년째 재무상담사로 일해오면서 많은 분들과 연말정산을 필두로 소통했다. 느낀 점은 2가지이다.

첫째, 생각보다 많은 근로자가 자신의 세금이 어떻게 결정되는지 잘 모른다. 아니 모른다기보다는 관심이 없다는 것이 맞을 것 같다. '나라에서 세금을 떼 가는데 어련히 알아서 잘 떼 갔겠지?' 라는 막연한 신뢰를 가장한 무관심이 있다. 또는 연말정산에 대해 열심히 공부한 사람들은 이렇게 말한다. 환급 많이 받으려고 노력해 봤자 별거 없다고. 맞다. 실제로 그렇다. 연말정산 후 환급을 많이 받는 방법은 의외로 간단하지만 그 실익은 만족스럽지 못하다. 이유는 소득공제 각각의 공제 한도 및 종합 한도가 있기 때문이다. 공제할 금액이 아무리 크더라도 공제 한도에 걸려 전액 공제받지 못하는 경우가 많기 때문인 것이다.

둘째, 소득세 환급을 많이 받기 위해 노력할 것이 없다. 필자는 사업하는 사람이고, 사업이란 타인에게 도움을 주고 그에 대한 정당한 대가를 받는 것이다. 필자가 만나는 사람들은 연말정산 후 환급을 받고자 하는 욕구가 많았다. 그들의 욕구를 해소할 수 있도록 노력하는 것이 나의 일이다 보니 다방면으로 알아보았다. 그러나 아무리 둘러보고 공부해도 계획적으로 환급을 많이 받는 것은 여간 어려운 일이 아닐 수 없었다. 근로소득자가 소득세 환급을 많이 받기 위해 노력할 수 있는 일은 소비를 늘리거나 연금저축과 같은 장기저축을 하는 정도일 것이다. 그러나 우리가 소득세 환급만을 위해 어리석은 과소비를 할 수도, 목적에도 맞지 않는 장기저축을 억지로 할 수는 없는 일 아닌가. 노력하고 싶지만 노력할 것이 없어 노력하지 못하던 와중에 벤처투자 소득공제를 발견한 것이다. 제도야 이미 알고 있었지만 마땅히 투자할 곳을 찾지 못했다. 벤처투자를 통해 절세하는 것은 좋으나 투자라는 속성에는 위험이 존재하기 때문이다. '제도는 좋구나… 제도만 좋구나….' 하던 중 발상의 전환이 되었다.

"꼭 전문가처럼 산업과 기업을 치밀하게 분석하고 날 선 통찰력으로 예리하게 투자할 필요는 없잖아? 그냥 내 투자를 받아줄 믿을 수 있는 벤처기업이 필요한 거잖아?" 믿을 수 있는 벤처기업은 어떤 기업일까? 가장 믿을 수 있는 기업은 본인이 운영 또는 근무하는 회사 그리고 가족이 운영하는 회사일 것이다. 이 회사들이 벤처기업이라면 그림의 떡 같았던 벤처투자 소득공제 제도를 적극 활용하여 그간 경험하지 못했던 절세가 가능해지는 것이다.

이 책은 크게 2가지 기능을 기대하며 집필하였다. 첫째는 근로소득자들에게 본인이 납부하는 세금이 어떤 과정을 거쳐 결정되는지에 대한 이해를 돕고 싶었다. 둘째는 벤처투자소득공제 제도를 통해 그들의 유리지갑이 조금은 더 단단해질 수 있기를 희망한다. 나의 노력이 모두에게 도움이 될 수는 없겠지만 상황과 여건이 부합되는 누군가에게는 크나큰 도움이 될 것이라 확신해 본다.

마지막으로 이 책을 집필할 수 있도록 생각의 전환을 도와준 대한민국 대표 경영컨설팅업체 시선파트너즈의 이세연 대표님께 진심으로 감사의 뜻을 전한다.

2025
직장인
연말정산
공략집

초판 1쇄 발행 2025. 12. 18.

지은이 오영일
펴낸이 김병호
펴낸곳 주식회사 바른북스

편집진행 김재영
디자인 양헌경
마케팅 송송이 박수진 박하연

등록 2019년 4월 3일 제2019-000040호
주소 서울시 성동구 연무장5길 9-16, 606호 (성수동 2가, 블루스톤타워)
대표전화 070-7857-9719 | 경영지원 02-3409-9719 | 팩스 070-7610-9820

•바른북스는 여러분의 다양한 아이디어와 원고 투고를 설레는 마음으로 기다리고 있습니다.

이메일 barunbooks21@naver.com | 원고투고 barunbooks21@naver.com
홈페이지 www.barunbooks.com | 공식 블로그 blog.naver.com/barunbooks7
공식 포스트 post.naver.com/barunbooks7 | 페이스북 facebook.com/barunbooks7


ISBN 979-11-7263-724-8 03320